TERMAU LLYWOl
Yn seiliedig ar Restr ₍₎₍₎₍₎₍₎₍₎ ₍₎₍₎₍₎₍₎₍₎

A GLOSSARY OF LOCAL GOVERNMENT TERMS
Based on Terms collected by Gwynedd

Golygydd/Editor
D Geraint Lewis

SAESNEG—CYMRAEG
ENGLISH—WELSH

GOMER

Argraffiad cyntaf—Tachwedd 1996

ISBN 0 85902 442 4

Ⓗ D. Geraint Lewis

Argraffwyd gan
Wasg Gomer, Llandysul, Ceredigion.

RHAGAIR

ua diwedd Tachwedd 1995 bu Bob Parker, y swyddog a fu'n gyfrifol am Bwyllgor atblygu'r Iaith Gymraeg yn Nyfed, a minnau, yn siarad yn anffurfiol am ad-drefnu wodraeth leol yng Nghymru. Yn ystod y sgwrs nodais yr angen am gasgliad o dermau a ddai'n gymorth i swyddogion a fyddai'n dymuno gweithio trwy gyfrwng y Gymraeg yn yr wdurdodau unedol newydd. O fewn dyddiau yr oedd Bob wedi cysylltu â Steve Eaves o rfon a gysylltodd yn ei dro â Hedley Gibbard o Wynedd. Cawsom gyfarfod dan gochl wyllgor Datblygu Dyfed a chyn diwedd y dydd cytunwyd ar ffordd ymlaen. Yr allwedd a'u alluogodd i symud yn gyflym oedd haelioni Gwynedd, oherwydd sail y llyfryn yma yw'r asgliad o dermau a luniwyd gan gyfieithwyr Gwynedd dros y blynyddoedd. Heb y rhain, fyddai yna lyfr. Yr ail elfen hanfodol oedd cymorth ymarferol Pwyllgor Datblygu'r Iaith ymraeg Dyfed.

Lluniwyd fersiwn Saesneg-Cymraeg y rhestr yn ystod gwyliau'r Nadolig ac ehangwyd ymgynghoriaeth i gynnwys Pam Jones o Ddyfed, Delyth Davies o Geredigion a Hedd ap mlyn o Glwyd. Diolch i'w diwydrwydd nhw yng nghanol gweithio i ddau gyngor (yr hen a'r ewydd) cafwyd fersiwn terfynol erbyn dechrau Mawrth.

Nid dyma restr orffenedig, derfynol o dermau. Cymorth ymarferol, cyflym ydyw, ar fer y swyddogion hynny mewn adrannau newydd sydd am fentro dechrau gweithredu wy gyfrwng y Gymraeg. Cynhwysir y termau y mae mwyaf o alw amdanyn nhw yn ôl ofiad y panel golygyddol. Yr wyf wedi ychwanegu at y rhestr, ail adran yn dangos y eiriau ar waith. Brysed y dydd pan fydd casgliad cynhwysfawr, awdurdodol o dermau, a norff priodol i arolygu'r bathu a'r defnydd cywir o'r termau hyn. Cofiwch am arbenigedd drannau cyfiethu'r siroedd newydd os ydych chi ar goll am derm nad yw ar gael yn y estr hon.

Dyma ein cynnig ni i hyrwyddo a hybu defnydd o'r Gymraeg yn ein siroedd newydd : Ar n y panel—Delyth Davies, Steve Eaves, Hedley Gibbard, Hedd ap Emlyn, Pam Jones a ɔb Parker.

eraint Lewis
angwyryfon, Chwefror 1996

Byrfoddau/Abbreviations

a	ansoddair	adjective
adf	adferf	adverb
b	enw benywaidd	feminine noun
be	berfenw	verb noun
g	enw gwrywaidd	masculine noun
ll	lluosog	plural

A

.A. Y Gymdeithas Foduro

.C.A.S. Y Gwasanaeth Cynghori, Cymodi a Chyflafareddu

.C.C. Cymdeithas y Cynghorau Sir

DAS Gwasanaeth Cynghori a Datblygu Amaethyddol

.M.A. Cymdeithas yr Awdurdodau Metropolitan

.M.S. Arolwg Blynyddol

.P.T. & C. Gweinyddol, Proffesiynol, Technegol a Chlercyddol (G.P.T. a Ch.)

.T.C. Canolfan Hyfforddi Oedolion (Adult Training Centre)

.T.C. Canolfan Hyfforddi Gydnabyddedig (Accredited Training Centre)

.T.O. Sefydliad Hyfforddi Cymeradwy (Approved Training Organisation)

bbreviation talfyriad *g*

berration egwyriant *g*
chromatic aberration egwyriant lliw

bsenteeism absenolaeth *b*

bsolute eithaf
absolute minimum lleiafswm eithaf

bstract crynodeb *g*
abstract of accounts crynodeb o'r cyfrifon

butment ategwaith *g*

cceptance derbyniad *g*

ccess
access (to a child) hawl gweld
access agreement cytundeb mynediad
access driveway mynedfa gerbydau
access officer swyddog hwyluso mynediad
Access to Information Act Deddf Hawl i Weld Gwybodaeth
Access to Personal Files Act Deddf Hawl i Weld Ffeiliau Personol

ccessibility hygyrchedd *g*

ccessible hygyrch; wrth law *a*

accident incidence rate cyfradd ddamweiniau

accommodation lle *g*; llety *g*
accommodation charge pris llety
accommodation road mynedffordd *b*
accommodation sub-committee is-bwyllgor swyddfeydd

accord
in accord yn unol (â)
out of accord yn tynnu'n groes (i)

account cyfrif *b* (cyfrifon)
account day dydd cyfrif

accountancy
1. cyfrifyddiaeth *b* (yr arfer)
2. cyfrifeg *b* (testun astudio)
accountancy and budgeting cyfrifeg a chyllido
accountancy assistant cynorthwywr/cynorthwyydd cyfrifyddol

accountant cyfrifydd *g*

to accredit achredu

accreditation dilysu *be*

accredited cydnabyddedig *a*
accredited training centre canolfan hyfforddi gydnabyddedig

accrual croniad *g*

to accrue cronni

accumulation croniant *g*

to acknowledge cydnabod

acknowledgement cydnabyddiaeth *b*

to acquire
1. prynu
2. sicrhau

Acquisition of Land (Authorisation Procedure) Act Deddf (Trefn Awdurdodi) Sicrhau Tir

Act (of Parliament) Deddf *b*

to act gweithredu
power to act hawl i weithredu

acting
acting officer
1. swyddog gweithredol
2. swyddog dros dro

action
  action area plan cynllun cylch gweithredu
  action committee Pwyllgor Gweithredu; Pwyllgor Ymgyrchu
  action group grŵp gweithredu
active bywiog; egnïol *a*
  active pursuit gweithgaredd egnïol
  hyperactive eithafol fywiog
  overactive gorfywiog
activity rate cyfradd weithgarwch
actuarial actiwaraidd *a*
actuary actiwari *g*
acute llym; dwys
  acute case achos eithafol
  acute hospital ysbyty afiechydon llym
ad hoc neilltuol; unswydd
  pwyllgor *ad hoc* pwyllgor neilltuol
added ychwanegol *a*
  added member aelod ychwanegol
addicted yn gaeth (i gyffuriau)
additionality ychwanegedd *g*
additive ychwanegyn *g ychwanegion*
address cyfeiriad *g*
  address for correspondence cyfeiriad llythyru (os yw'n wahanol)
to address annerch
adjacent cyfagos *a*
adjoining cyffiniol *a*
to adjourn gohirio cyfarfod
  adjourned business materion a ohiriwyd
adjustment addasiad *g*
to administer gweinyddu
administration
  1. gweinyddiaeth *b*
  2. gweinyddiad *g*
  Administration of Justice Act Deddf Gweinyddu Cyfiawnder
administrative
  administrative assistant cynorthwywr/cynorthwyydd gweinyddol
  administrative officer swyddog gweinyddol

administrator gweinyddwr *g*
administratrix gweinyddwraig *b*
adoptive parents llysrieni
Adult Literacy and Basic Skills Unit Uned Llythrennedd a Medrau Sylfaenol Oedolion
advance
  advance factory ffatri barod
  advance of pay blaendal *g*
  advance payment blaendal *g*
  advance payments code côd blaendaliadau
  advance warning rhag-rybudd *g*
  in advance of requirements ar gyfer anghenion y dyfodol
advanced
  1. uwchraddol *a*
  2. dyrchafedig
  advanced courses cyrsiau uwchraddol
  advanced education addysg ddyrchafedig
  Advanced Further Education Addysg Bellach Uwch
  advanced practitioner gweithiwr uwchraddedig
adventure playground maes antur
advice note hysbysnod *g*
advisability priodoldeb *g*
adviser
  1. ymgynghorydd *g*
  2. uwch-drefnydd *g*
advisory
  advisory committee pwyllgor cynghori; pwyllgor ymgynghori
  Advisory, Conciliation and Arbitration Service Y Gwasanaeth Cynghori, Cymodi a Chyflafareddu
  Advisory Service Y Gwasanaeth Ymgynghorwyr (Addysg)
advocacy eiriolaeth *b*
affidavit affidafid *g*
affiliation order gorchymyn tadogaeth
afforestation coedwigo *be*
after care ôl-ofal *g*
Age Concern Wales Cyngor Henoed Cymru

agency asiantaeth *b*
  agency agreement cytundeb dirprwyo
  Employment Services Agency Swyddfa'r Gwasanaeth Cyflogi

agenda agenda *b*; rhaglen *b*

agent asiant; gweithredwr *g*
  as agents yn gweithredu ar ran

aggrieved person achwynwr *g*

to agree
  1. cytuno *be*
  2. caniatáu (cais)

Agricultural Training Board Y Bwrdd Hyfforddiant Amaethyddol

Agricultural Wages Board Bwrdd Cyflogau Amaethyddol

aide-memoire cymorth i'r cof

Aided Primary School Ysgol Gynradd Noddedig/Gymorthedig

to air condition aerdymheru

air conditioned aer-cyson *a*; wedi'i aerdymheru

air-mail awyrbost *g*

alarm larwm *g*
  alarm call system system larwm galw

alias enw mabwysiedig

alignment unioniad *g*

all
  all risks pob perygl
  All Wales Working Party Gweithgor Cymru Gyfan

allergic alergaidd *a*

allocation dyraniad *g*

allowance(s) lwfans(au) *g*
  disturbance allowance lwfans tarfu
  initial allowance lwfans cychwynnol
  mileage allowance lwfans teithio

alternative 1.arall 2.amgen *a*
  alternative medicine meddygaeth anghonfensiynol
  alternative technology technoleg amgen

alternatives gwahanol bosibiliadau

amalgamate cyfuno; aruno

amend
  1.gwella
  2.diwygio
  3.newid

amendment 1.gwelliant (cynigiad/ deddf)
  2.newid (adroddiad)
  amendment order gorchymyn newid
  propose an amendment cynnig gwelliant

amenity
  1.amwynder *g*
  2.mwynder

amusement
  amusement arcade arcêd ddifyrion
  amusement park maes difyrion

to analyse dadansoddi

analysis dadansoddiad *g*

ancient monument(s) heneb(ion) *b*

ancillary ategol *a*
  ancillary duties dyletswyddau ategol
  ancillary staff staff ategol

Anglican Aided Primary School Ysgol Gynradd Anglicanaidd Noddedig

annex
  1. (adeilad) adain *b*
  2. (adroddiad) atodiad *g*

annual blynyddol
  Annual Monitoring Survey (A.M.S.) Arolwg Blynyddol
  annual percentage rate cyfradd ganrannol flynyddol
  annual record arolwg blynyddol

annuity blwydd-dâl *g*

anticipated reduction lleihad a ragwelir

apparent ymddangosiadol
  apparent condition cyflwr ymddangosiadol

appeal apêl *b*

appellant apeliwr; apelydd *g*

appliances cyfarpar

applicant ymgeisydd *g*

application
  1. cais (am swydd) *g*
  2. cymhwysiad *g*
  electronic applications cymhwysion electronig

appointment penodiad (i swydd) *g*

apportionment cost-raniad *g*

appraisal dadansoddiad *g*
    staff appraisal cloriannu/gwerthuso staff

to appraise cloriannu; gwerthuso

to appreciate cynyddu mewn gwerth

appreciation adbrisiad *g* (mewn gwerth)

approach
    approach road ffordd gerllaw

to appropriate adfeddu

appropriation account cyfrif dosrannu

approved cymeradwy; cydnabyddedig
    approved contractor contractwr cymeradwy
    approved duty dyletswydd gydnabyddedig
    approved school ysgol ddisgyblu
    approved social worker gweithiwr cymdeithasol cydnabyddedig
    approved structure plan cynllun fframwaith mabwysiedig
    approved training organisation sefydliad hyfforddi cymeradwy

aptitude gallu *g*; dawn *b*

aqueduct traphont ddŵr

to arbitrate cyflafareddu

arbitrator canolwr *g*

arboretum gwyddfa *b;* gardd goed

architect pensaer *g*

archive archif *b*

archivist archifydd *g*

area rhanbarth *b*; ardal *b*
    area office swyddfa ranbarthol
    area officer swyddog rhanbarth
    area school ysgol ardal

arising yn codi
    matters arising materion yn codi

arrears ôl-ddyledion

article erthygl *b*
    articles of government erthyglau llywodraethu

articulated cymalog *a*
    articulated lorry lorri gymalog

Assembly of Welsh Counties Cynulliad Siroedd Cymru

to assess asesu

assessable asesadwy
    assessable income incwm asesadwy

assessment asesiad *b*
    assessment centre canolfan asesu

assessor cloriannydd; aseswr *g*

asset ased *g*
    current asset ased cyfredol
    fixed asset ased sefydlog
    frozen asset ased clo
    tangible asset ased dirweddol

to assign trosglwyddo (eiddo)

to assimilate cymathu

assistant
    1. cynorthwywr/cynorthwyydd *g*
    2. cynorthwyol *a*
    Assistant County . . . Officer Swyddog . . . Cynorthwyol y Sir

assisted
    assisted area ardal noddedig
    assisted car purchase scheme cynllun cymorth i brynu car
    assisted places scheme cynllun noddi disgyblion

Association of County Councils Cymdeithas y Cynghorau Sir

Association of Metropolitan Authorities (A.M.A.) Cymdeithas yr Awdurdodau Metropolitan

to assume cymryd; a bwrw

assumption of parental rights cymryd hawliau rhieni

attachment
    1. atodyn *g* (i beiriant)
    2. ymlyniad *g*
    attachment of earnings atafaelu enillion
    attachment training ymlyniad hyfforddi

attendance presenoldeb *g*
    attendance allowance lwfans gwei
    constant attendance allowance lwfans sylw parhaus
    in attendance yn gweinyddu; yn bresennol

attendant gweinydd *g*
  night attendant swyddog nos
audio-conferencing clyw-gynadledda
audio-typing clywdeipio
audio-visual clyweled *a*
  audio-visual equipment cyfarpar
  clyweled
auditor archwiliwr *g*
augmentation costs costau cysoni
to authorise awdurdodi

authorised awdurdodedig
authority awdurdod *g*
automatic awtomatig *a*
average cyfartaledd *g*
average ratepayer's contribution
  cyfraniad trethdalwr ar gyfartaledd
to award dyfarnu
  'awards' students myfyrwyr noddedig
  awards sub-committee is-bwyllgor
  dyfarnu

B

B.E.C. (Business Education Council)
  C.A.B. Cyngor Addysg Busnes
B.T.E.C. (Business and Technical
  Education Council) Cyngor Addysg
  Dechnegol a Busnes
backfilling ôl-lenwi *be*
backroom job gwaith y tu ôl i'r llenni
balance
  1. cydbwysedd *g (of weight)*
  2. gweddill *g (financial)*
  balance brought down gweddill a
  ddygwyd i lawr
  balance carried forward gweddill a
  ddygwyd ymlaen
  3. mantol *b (payments)*
  balance of payments y fantolen *b*
  balance sheet mantolen *b*
  4. tafol *b*; clorian *b (scales)*
ballot pleidlais bapur *b* (balot *g*)
  secret ballot pleidlais gudd
bank banc *g*
  bank account cyfrif banc
  bank charge codiant banc
  bank manager rheolwr banc
  bank rate bancradd
  bank return adroddiad banc
  bank statement cyfriflen fanc
  commercial banc banc masnachol
  merchant bank marsianfanc
  savings bank banc cynilo
banker banc[i]wr *g*
bankrupt methdalwr *g (person)*
  to go bankrupt methu; mynd yn
  fethdalwr

bankruptcy   methdaliad *g*
bar (of soap) talp *g*
  bar point (salary scale) gwahanbwynt
  bar snacks bwyd bar *g*
bargain bargen *b*
  to bargain bargeinio
base sylfaen *g neu b*
  base budget cyllideb sylfaenol
  base programme rhaglen sylfaenol
basic elfennol; sylfaenol *a*
  basic amenities mwynderau elfennol
  basic credit approval(s) hawl(iau)
  credyd sylfaenol
  basic needs project(s) cynllun(iau)
  gofynion sylfaenol
batch swp *g*
battered wives gwragedd a gurir
bay window ffenestr fwa
bearer dygiedydd *g*
  bearer check siec ddygiedydd
bed-sitter ystafell fyw a chysgu
bedspace llefydd cysgu
befriending scheme cynllun cyfeillio
benefit
  1. budd *g (in general)*
  2. budd-dâl *g (payment)*
  housing benefit budd-dâl tai
  invalidity benefit budd-dâl anabledd
  maternity benefit budd-dâl
  mamolaeth
  sickness benefit budd-dâl salwch
  supplementary benefit
  budd-dâl atodol

benevolent fund cronfa les *b*

bequest cymynrodd *b*

best estimates amcangyfrifon cywiraf/manylaf

beverage diod *b*

bi-annual ddwywaith y flwyddyn *a* ac *adf.*

biennial bob yn eilflwydd *a* ac *adf*

bilingual dwyieithog
  bilingual polisi polisi dwyieithrwydd

bilingualism dwyieithrwydd *g*

bill (Parliamentary) mesur *g*

bill of quantity rhestr angenrheidiau

billeting lletya
  billeting escort hebryngwr lletya
  billeting officer swyddog lletya

binder
  1. (device) rhwymydd *g*
  2. (person) rhwymwr *g*

birth records cofnodion geni

blank
  leave margin blank gadewch yr ymyl yn glir

blanket insurance yswiriant cynhwysfawr

blast cleaning chwyth-lanhau

bleeper seinydd *g*

blight (planning) malltod *g* (cynllunio)
  blight notice rhybudd malltod

blind dall *a*
  (the) blind (y deillion) *ll*
  blind homemaker scheme cynllun gwaith cartref i'r deillion
  blind persons resettlement officer swyddog ailgartrefu'r deillion

blister pack pecyn swigen

block
  block grant grant bloc
  block placement ymarfer cyfnod hwy
  block release cwrs cyfnod

board bwrdd *g*
  Board of Arbitration Bwrdd Canolwyr

boarding
  boarding education addysg breswyl
  boarding house llety
  boarding out maethu

boarding out allowance lwfans maethu

boarding school ysgol breswyl

boiler suit siwt foiler

bollard bolard *g*

bona fide dilys
  bona fide tender tendr pris dilys

bond
  1. (between people) ymrwymiad *g*
  2. (stock) bond *g*

bonus incentive scheme cynllun bonws cymell

boom
  1. ffyniant *g*
  2. cyfnod llewyrchus

borehole twll arbrofol

borough bwrdeistref *b*

boundary terfyn *g*; ffin *g*
  boundary wall wal derfyn

branch cangen *b*
  branch librarian llyfrgellydd cangen
  branch line rheilffordd gangen

brand (make) gwneuthurwr *g*
  brand new newydd sbon

breach
  breach of planning control tor-rheolaeth gynllunio

break
  break even talu'r ffordd
  break time egwyl *b*; hoe *b*

breathalyser prawf anadl *g*

brick bricsen *b*

bridging loan(s) benthyciad(au) pontio

bridleway llwybr ceffyl

brief (instructions) canllawiau; cyfarwyddyd *g*
  design brief canllawiau dylunio; cyfarwyddyd dylunio

brigade brigâd *b*
  fire brigade brigâd dân

British Rail Rheilffyrdd Prydeinig

broken bylchog *a*
  broken line llinell fylchog

budget cyllideb *b*
  annual budget cyllideb flynyddol
  base budget cyllideb sylfaenol

uffet (food) bwffe *g*

uilding
building inspector arolygwr adeiladu
building preservation notice(s)
rhybudd(ion) gwarchod adeilad(au)
building society cymdeithas adeiladu

uilt-in error y camgymeriad sydd
ymhlyg mewn

uilt-up area(s) parthau adeiledig;
ardal(oedd) adeiledig

ulk swmp *g*
bulk buying swmp-brynu
bulk haulage swmp-gludo
bulk refuse sbwriel mawr

ungalow býngalo *g*

urgundy Book Llyfr Bwrgwyn

urial chamber claddgell *b*

us(es) bws *g* bysus; bysiau
bus bay lle parcio bws; llain bws

bus lane llwybr bysus/bysiau
bus shelter lloches bws
bus stop arhosfan bysiau; lle dal bws
business busnes *g*
Business Advertisments
(Disclosure) Order Gorchymyn
(Datgelu) Hysbysebion Masnach
business advice cyngor busnes
Business Education Council
(B.E.C.) Cyngor Addysg Busnes
business practice arferion
swyddfa/busnes
business reply service gwasanaeth
ateb busnes
Council business busnes y Cyngor

busride ticket tocyn trampio

by return gyda'r troad; gyda throad y
post *adf*

bye-law(s) is-ddeddf(au) *b*

by-pass ffordd osgoi *b*

C

.B.E. Comander Urdd yr Ymerodraeth
Brydeinig

.B.I. Cydffederasiwn Diwydiannau
Prydain

.C.C. Cyngor Celfyddydau Cymru

cc cwmni cyfyngedig cyhoeddus (plc)

.I.P.F.A. Sefydliad Siartredig Cyllid a
Chyfrifeg Cyhoeddus

.O.S.I.R.A. Cyngor Diwydiannau
Bychain Cefn Gwlad

.P.D. Consortiwm Prynu a Dosbarthu

.P.R.W. Cyngor Diogelu (Harddwch)
Cymru Wledig

airn carn *b*

• calculate bwrw cyfrif; cyfrif

alculator cyfrifiannell *b*

call galwad *b*
on call ar ddyletswydd

• call galw

aller office swyddfa alw

all-out arrangements trefniadau galw
allan

ampaign ymgyrch *g*

to cancel diddymu gw. yr ochr Gymraeg
candidate ymgeisydd *g*
canteen ffreutur *g*
to canvass canfasio
capacity gallu
capital
1. prif
capital city prifddinas
capital letter priflythyren
2. (arian) cyfalaf *g*
capital budget cyllideb gyfalaf
capital building programme rhaglen
gyfalaf adeiladu
capital expenditure gwariant cyfalaf
capital financing codi cyfalaf
capital gains tax treth enillion cyfalaf
capital intensive dwysgyfalaf
capital programme rhaglen gyfalaf
capital receipts derbynion cyfalaf
capital sales gwerthiannau cyfalaf
capital transfer tax treth trosglwyddo
cyfalaf
capital works gweithiau cyfalaf
capital works programme
y rhaglen waith cyfalaf

capitation y pen
   capitation allowance lwfans y pen

car car *g*
   car park maes parcio
   car port carborth *g*

care gofal *g*
   care and repair scheme cynllun gofal a thrwsio/ac adfer
   care assistant cynorthwywr/cynorthwyydd gofal
   care group grŵp gofal
   care order gorchymyn gofal
   carer y sawl sy'n gofalu
   programmed care gofal strwythuredig

career gyrfa *b*
   career break scheme cynllun gwarchod gyrfa
   career guidance cyngor gyrfaol; cyfarwyddyd gyfraoedd
   careers convention cynhadledd gyrfaoedd
   careers service gwasanaeth gyrfaoedd

carer y sawl sy'n gofalu

caretaker gofalwr *g*

The Caring Professions Y Galwedigaethau Gofal

carriageway ffordd gerbydau
   dual carriageway ffordd ddeuol

carried forward dygwyd ymlaen

to carry out gweithredu

case achos *g*
   case conference cynhadledd achos
   case load crynswth achosion

casement window ffenestr adeiniog

cash arian; arian parod
   cash limit cyfyngiad ariannol; uchafswm ariannol
   petty cash mân arian

cashier ariannydd *g*

casting vote pleidlais fwrw

casual achlysurol *a*
   casual user defnyddiwr achlysurol
   casual vacancy lle gwag achlysurol

catchment area dalgylch *g*

to cater arlwyo
   catering service gwasanaeth arlwyc

cattle grid grid gwartheg; alch wartheg

census cyfrifiad *g*
   census enumeration districts ardaloedd cyfrifiad

central canolog
   central purchasing prynu canolog
   central reservation llain ganol

centre canolfan *b*

certificate tystysgrif *b*
   certificate of attendance tystysgrif bresenoldeb
   certificate of compliance tystysgrif gydymffurfio
   certificate of income tystysgrif enillion
   certificate of non-completion tystysgrif o waith heb ei gwblhau
   certificate of practical completion tystysgrif cwblhad ymarferol
   certificate of roadworthiness of vehicle tystysgrif teilyngdod cerbyd

to certify tystio; ardystio
   I hereby certify tystiaf yma/ Yr wyf drwy hyn yn tystio . . .

chairman cadeirydd *g*
   vice-chairman is-gadeirydd

chalet caban gwyliau

Chancellor of the Exchequer Canghellor y Trysorlys

to change newid
   change of use newid defnydd

charge pris *g*; tâl *g*

chargecapping ffrwyno trethiant

charitable elusengar; elusennol *a*
   charitable property eiddo elusengai

charity elusen *b*
   Charity Commissioners Comisiynwyr Elusen

chartered siartredig
   Chartered Institute of Public Finance and Accountancy Sefydliac Siartredig Cyllid a Chyfrifeg Cyhoeddus

cheap day return ticket tocyn dwyfford undydd rhad

check
1. gwirio;
2. archwilio

ief prif *a*
chief accountant pennaeth y
cyfrifwyr
(principal accountant) prif gyfrifydd
chief executive prif weithredwr
chief officer prif swyddog

ild plentyn *g*
child abuse cam-drin plant
child care gofal plant
child guidance cyfarwyddo plant
child minder gwarchodwr plant

iildren and Young Persons Act Deddf
Plant a Phobl Ifanc

ronic cronig *a*
chronically sick claf cronig (person);
gwaeledd cronig (afiechyd)

ronological cronolegol *a*

cular¹ cylchlythyr *g*

cular² cylch *a*
circular routes llwybrau cylch

tizen's Advice Bureau Canolfan
Gynghori

ty and Guilds Institute Sefydliad
y Ddinas a'r Gildiau

vic Trust for Wales Ymddiriedolaeth
Ddinesig Cymru

vil Aviation Authority Awdurdod
Hedfan Sifil

vil Engineering Co. Cwmni Peirianneg
Sifil

vil Servant Gwas Sifil

aim cais *g*; hawliad *g*

claim hawlio

aimant hawliwr *g*

assified road ffordd ddosbarthedig

ause cymal *g*

clawback crafangu'n ôl

eaner glanhawr *g*

earing house cyfnewidfa *b* (bank)

erical
1. clerigol *a*
2. clercyddol *a*

clerical accounting cyfrifo clercyddol
clerical assistant
cynorthwywr/cynorthwyydd clercio

clerk clerc *g*
clerk of works clerc gwaith
clerk/typist clerc/teipydd

client cleient *g*

clockwise clocwedd *adf.*
anti-clockwise gwrthglocwedd

closed circuit television teledu cylch
cyfyng

closed shop undebaeth orfodol; 'rhaid
perthyn i Undeb'

cluster clwstwr *g*

to cluster clystyru

coach bws pleser; coets *b*

coast arfordir *g*; glannau
coastal strip arfordir *g*

coastguard gwyliwr y glannau

code côd *g*
code of conduct côd ymddygiad
code of practice
1. arfer *g*
2. Cyfarwyddiadau Gweithredu y
Swyddfa Gartref
code word trwyddair *g*
colour code côd lliwiau

cohort carfan *b*

to collate coladu; casglu

collective
collective disputes procedure
y drefn mewn anghydfod cyffredinol
collective responsibility
cyd-gyfrifoldeb *g*

to command gorchymyn
command paper papur gorchymyn

commander swyddog rheoli
commander (fire brigade) pennaeth *g*
commander (of British Empire)
comander *g*

commensurate cymesurol
commensurate increase codiad
cymesurol

to commercialise masnacholi

**Commission for Local Administration
in Wales** Comisiwn Gweinyddiaeth
Leol yng Nghymru

commitment

commitment ymrwymiad *g*
committed growth twf ymrwymedig
committee pwyllgor *g*
   ad hoc **committee** pwyllgor neilltuol
   committee clerk clerc pwyllgor
   consultative committee pwyllgor ymgynghorol
   executive committee pwyllgor gwaith
   joint committee cyd-bwyllgor
   standing committee pwyllgor sefydlog
   steering committee pwyllgor llywio
   sub-committee is-bwyllgor
commodity nwyddyn *g*
   commodity officer swyddog nwyddau
common[1] cyffredin; cyffredinol *a*
   common agricultural policy polisi amaeth cyffredinol
   common seal sêl gyffredin
common[2] (tir) comin *g*
to communicate cyfathrebu
communications cysylltiadau
community[1] cymunedol; cymdeithasol *a*
   Community Area Officer Swyddog Cylch Cymuned
   Community Care Gofal yn y Gymuned
   community centre canolfan gymdeithasol
   community charge treth gymunedol
   community council cyngor bro/cymuned
   community development officer swyddog datblygu cymunedol
   community enterprise programme rhaglen antur bro
   community facilities cyfleusterau cymuned
   community health council cyngor iechyd cymunedol
   community homes cartrefi cymuned
   community industry gweithgarwch bro
   community physician meddyg bro
   community provision darpariaeth leol
   community service gwasanaeth 'y gymdogaeth dda'; gwasanaethu'r gymuned/fro
   community task force tasglu'r gymuned/fro

   community worker gweithiwr cymuned/bro
   community youth officer swyddog ieuenctid cymunedol/bro
community[2] cymuned *b*
to commute cymudo
commuter cymudwr
comparability award dyfarniad cymharu
compartmented dosranedig *a*
compassionate tosturiol *a*
   on compassionate grounds am resymau tosturiol
to compensate digolledu
compensation iawndal *g*
competitive cystadleuol
   competitive tendering tendro cystadleuol
complaint cwyn *b*
   complaints procedure delio â chwynion; y drefn gwyno
component darn (cydrannol) *g*
comprehensive school ysgol gyfun
comprising of sef; yn cynnwys
compulsory gorfodol
   compulsory leaving date dyddiad gadael gorfodol
   compulsory purchase order gorchymyn prynu gorfodol
   compulsory retirement (oedran) gorfod ymddeol
to compute cyfrifannu
computer cyfrifiadur *g*
   computer hardware caledwedd *g*
   computer literacy deall cyfrifiaduron
   computer software meddalwedd *g*
to computerise cyfrifiaduro
Computerised Local Authority Superannuation System System Blwydd-dal ar gyfrifiadur i Awdurdoda Lleol
concern consárn *g*
   to whom it may concern i'r sawl a'i myn
to concert cyd-drefnu
concession consesiwn *g*

concessionary fares scheme cynllun tocynnau mantais

conciliate cymodi

conciliation body corff cymodi

conclude
1. dod i'r casgliad; casglu
2. gorffen; cwblhau
conclude a lease cytuno prydles

condition amod g
conditions of service amodau gwaith

conduct ymddygiad g
disorderly conduct ymddygiad afreolus

cone
traffic cone côn cyfeirio

confectioner cyffeithwr g

confederation of British Industries Cyd-ffederasiwn Diwydiannau Prydain

conference cynhadledd b

confidential cyfrinachol a

confidentiality cyfrinachedd g

confirm cadarnhau

confused ffwndrus a

congest tagu
congested area tagfan b

congestion tagiant g; tagfeydd

conifer conwydd b

consensus
general consensus y farn gyffredin

conservation cadwraeth g

conservatory ystafell wydr

considerable dirfawr a

consignee derbyniwr g

consortium for Purchasing and Distribution Consortiwm Prynu a Dosbarthu

consortium of Local Authorities in Wales Consortiwm Awdurdodau Lleol Cymru

constant attendance allowance lwfans sylw parhaus

constituency etholaeth b

constituent authorities awdurdodau sy'n aelodau

constitute cynrychioli

consult ymgynghori â

consultation ymgynghoriad g
consultation process y drefn ymgynghori
in consultation with gan ymgynghori â

consultative ymgynghorol a
consultative committee pwyllgor ymgynghorol
consultative document dogfen ymgynghorol

consumables nwyddau byrhoedlog

consumer defnyddiwr g; prynwr g
Consumer Council Cyngor Defnyddwyr Cymru
consumer protection gwarchod/diogelu defnyddwyr

to contaminate halogi

contingency wrth gefn
contingency sum swm wrth gefn
contingency unit uned wrth gefn

contract contract g
to contract in ymuno â
to contract out ymwrthod â

contractual overtime goramser dan gytundeb

to contravene torri (deddf)

to control rheoli
control officer swyddog rheoli
county control uned reoli'r sir
group control uned reoli

control design technology technoleg dylunio rheolaeth

Controlled Primary School Ysgol Gynradd Reoledig

controller rheolwr g

to convene galw (cyfarfod)

convenor cynullydd g

conveyance trawsgludiad g

conveyor cludydd g

to co-opt cyfethol

co-opted cyfetholedig
co-opted members aelodau cyfetholedig

to co-ordinate cydgysylltu; cyd-drefnu

co-ordinator cydgysylltydd g; cydlynydd g

copier

copier copïwr *g*

copyright hawlfraint

corn ŷd; llafur *g*
    corn rent rhent grawn

coroner crwner *g*

corporate corfforaethol
    corporate basis sail gorfforaethol
    corporate management rheolaeth gorfforaethol
    corporate plan cynllun corfforaethol

correction fluid gwyn dileu

correspondence gohebiaeth *b*
    correspondence courses cyrsiau drwy'r post

corresponding cyfatebol *g*

to corrode cancro; cyrydu

to cost costio
    cost benefit analysis dadansoddi'r manteision ariannol dadansoddiad o'r . . .
    cost effective cost effeithiol

council cyngor *g*
    Council for the Protection of Rural Wales (C.P.R.W.) Cyngor Diogelu (Harddwch) Cymru Wledig
    Council for Small Industries in Rural Areas (C.O.S.I.R.A.) Cyngor Diwydiannau Bychain Cefn Gwlad
    Council Tax Treth y Cyngor

councillor cynghorydd *g*

counsel (lawyer) cwnsler *g*
    counsel's opinion barn cwnsler

counsellor cynghorwr *g*

to counter gwrthweithio
    counter notice gwrth-rybudd *g*
    counter signature tystlofnod *g*

to counteract gwrthbwyso; gwrthweithio

counterfoil bonyn *g*

to countersign tystlofnodi

country gwledig
    Country Amenities Act Deddf Mwynderau Gwlad

Country Park Parc Gwledig

countryside cefn gwlad
    countryside code rheolau cefn gwlad
    Countryside Commission Comisiwn Cefn Gwlad

courier
    1. negesydd *g* (llythyron)
    2. tywysydd *g* (teithwyr)

covenant cyfamod *g*

to covenant cyfamodi

cover (insurance) diogelwch *g*

covert cudd *a*

crate crât *g*

credit¹ clod *g*

credit² credyd *g* (ariannol)
    Credit Reference Agency Swyddfa Ymholiadau Credyd

criminal record hanes troseddol

crisis argyfwng *g*

criteria meini prawf

criterion maen prawf

Crown Estate Commissioners Comisiynwyr Stadau'r Goron

cul-de-sac heol ben gaead

cultural diwylliannol *a*

culture diwylliant *g*

culvert cwlfert *g*

curator curadur *g*

current cyfredol *a*

cursor cyrchydd *g*

curtilage libart *g*

customs tollau

cut toriad *g*
    cuts in public expenditure toriadau mewn gwariant cyhoeddus

cycle cylch *b*

cyclic maintenance cynnal cyson; cynnal tymhorol

D

.E.S. Adran Addysg a Gwyddoniaeth

.L.O. Gweithlu'r Cyngor (o fewn Cyngor
Sir)

.S.O. gwasanaethlu'r Cyngor

.S.S. Adran y Gwasanaethau
Cymdeithasol

airy produce cynnyrch llaeth

amp llaith
damp proof course lefel atal
tamprwydd

amping lliniaru

ata Protection Act Deddf Diogelu
Gwybodaeth

ated this . . . day of . . . 19--
Dyddiedig 1 Ebrill 1996

ay dydd *g*
day care gofal dydd
day centre canolfan ddydd
day nursery meithrinfa *b*
day patient claf dydd

eadline
to meet a deadline cwblhau mewn
pryd

eaf byddar *a*

deal with delio â; cymryd at

debate dadl *b* (dadleuon)

debate trafod
rules of debate rheolau trafod

ebenture dyledeb *b*

ebris malurion *ll*

ebt dyled *b*
debt charges costau dyled

eceased y diweddar

decontaminate dihalogi; puro

declare datgan
to declare an interest datgan
diddordeb; mynegi buddiant

decode datrys côd

eed gweithred *b* (cyfreithiol)
deed of gift gweithred rodd
deed poll gweithred newid enw

eemed bwriedig *a*

defer gohirio
defer consideration gohirio ystyried

definitive swyddogol
definitive plan cynllun swyddogol
definitive rights of way hawliau
tramwy swyddogol

to defray talu

delegate cynrychiolydd *g*

to delegate dirprwyo

delinquency camymddwyn *be*

delivery danfon *be*
delivery note nodyn trosglwyddo
service delivery plan cynllun
cyflwyno gwasanaeth

demand hawliad *g*

to demand mynnu; hawlio

demographic demograffig *a*

to demolish dymchwel

to demonstrate
1. profi;
2. protestio

density dwysedd *g*

department adran *b*
**Department of Education and
Science** Adran Addysg a
Gwyddoniaeth

Department of Trade and Industry Yr
Adran Ddiwydiant a Masnach
Department of Transport
Yr Adran Drafnidiaeth

departmentation adraneiddio *be*

departure procedure trefn wyro

dependent[1] dibynnydd *g*

dependent[2] dibynnol *a*

deposit(s) (mineral) dyddodion
on deposit ar adnau (archifau)

depreciation dibrisiad *g*
historic depreciation dibrisiad
hanesyddol
replacement depreciation dibrisiad
amnewid

to deprive difreinio

deprived difreintiedig

deputation dirprwyaeth *b*

deputy dirprwy
deputy headmaster dirprwy brifathro

deregulate

to **deregulate** dadreoleiddio

to **derestrict** datgyfyngu

to **design** dylunio
 design brief cyfarwyddiadau dylunio
 design technology technoleg dylunio

designate darpar *a*
 manager designate darpar reolwr

to **designate** dynodi

desirability priodoldeb *g*

desirable dymunol *a*
 highly desirable tra dymunol

detach datod
 detached house tŷ sengl

to **determine** pennu

to **develop** datblygu
 Development Area Ardal Ddatblygu

development centre canolfan dwf

development plan cynllun datblygu

diagonal lletraws *a*

to **dial** deialu

to **dictate** arddweud
 dictating machine peiriant arddweud

differential gwahaniaethol *a*
 differential papers papurau
 gwahaniaethol (T.G.A.U.)
 differential precepting and rating
 ardrethu a phraeseptu gwahaniaethol

to **dip** trochi (defaid)

direct uniongyrchol *a*
 direct grant school ysgol grant union
 Direct Labour Organisation
 Gweithlu'r Cyngor (o fewn Cyngor Sir)
 directed training hyfforddiant
 cyfeiriedig

directive cyfarwyddyd *g*

director cyfarwyddwr *g*
 Director General of Fair Trading
 Cyfarwyddwr Cyffredinol dros
 Fasnach Teg

directorate cyfadran *b*

disability anabledd *g*

disabled methedig *a*
 disabled driver gyrrwr methedig
 disabled income group grŵp incwm
 y methedig

disabled person person methedig
disablement benefits budd-daliadau
 anabledd

discipline
 1. disgyblaeth *b* (ysgol)
 2. gwyddor *b* (academaidd)

disclaimer diheuriad *g*

to **disclose** datgelu
 disclosure of relationship datgelu
 perthynas

discontinuance order gorchymyn
 terfynu

to **discourage** anghymeradwyo

discretionary awards dyfarniadau
 dewisol

disk drive disg-yrrwr *g*

disposition bwriad *be*
 **notice of disposition to adopt local
 plans** Rhybudd o fwriad i fabwysiadu
 cynlluniau . . .

to **disregard** diystyru

to **disseminate** lledaenu
 dissemination process rhaglen
 ledaenu gwybodaeth

distance learning dysgu o bell

distinction rhagoriaeth *g*
 to pass with distinction llwyddo gyd
 rhagoriaeth

district
 1. dosbarth;
 2. ardal
 district general hospital ysbyty
 dosbarth cyffredinol
 district nurse nyrs ardal *b*
 district plan cynllun ardal

disturbance and travelling allowances
 lwfansau tarfu a theithio

disturbed gydag anawsterau (am blenty
 neu berson)

to **diversify** arallgyfeirio

diversion gwyriad *g*

diverted traffic traffig osgoi

divisional rhanbarthol *a*
 Divisional Police Headquarters
 Pencadlys Rhanbarthol yr Heddlu

ocument dogfen *b*
  inspection of documents archwilio dogfennau
  sealing of documents selio dogfennau
ogs must be kept on lead rhaid cadw cŵn ar dennyn
omestic
  1. domestig;
  2. tŷ
  domestic rates trethi domestig
  domestic science gwyddor tŷ
omicillary cartref
  domicillary care services gwasanaethau gofal cartref
onation rhodd *b*
ormer window ffenestr gromen
ormitory town tref noswylio
downgrade gostwng graddfa
raft drafft
  draft version fersiwn drafft

to draft llunio
drainpipe pibell ddraen
draughtsman drafftsmon *g*
to draw tynnu llun
drawing lluniad
drawing pin pìn bawd
to drop gollwng
dry cleaning sychlanhau
dual carriageway ffordd ddeuol
due notice rhybudd dyledus
duly constituted (meeting) cyfarfod cyfansoddiadol
dummy teth degan (babi)
durable goods nwyddau parhaol
duty
  duty officer swyddog ar ddyletswydd
dwelling annedd *b/g*
dyslexia dyslecsia *g*
dyslexic geirddall *a*

E

.E.C. Cymuned Economaidd Ewrop
.M.P. Aelod Seneddol Ewropeaidd
.S.G. Grant Cynnal Addysg
arly cynnar *a*
  early warning system system rybuddio cynnar
earmark clustnodi
earn ennill
arnings enillion
  earnings related supplement atodiad yn ôl enillion
asement hawddfraint
chelon parking parcio lletraws
cology ecoleg *b*
conomic economaidd *a*
  economic development datblygu economaidd
conomical cynnil
  economically active y boblogaeth weithiol

education addysg *b*
  education support grant grant cynnal addysg
educationally addysgol
  educationally sub-normal addysgol is-normal
effective effeithiol *a*
efficient effeithlon *a*
effluent carthion
the elderly yr henoed
  elderly mentally infirm yr henoed dryslyd
to elect ethol
electoral division etholaeth *b*
electric trydan *g*
electrical engineer peiriannydd trydan
  electrical engineering trydaneg *b*
  electrical goods nwyddau trydan
electricity trydan
  electricity transmission line lein trawsyrru trydan

electronics

electronics electroneg
  electronics park parc electroneg
elevation drychiad *g*
eligible cymwys *a*
embargo gwaharddiad *g*
emergency argyfwng *g*
  emergency exit drws dianc
  emergency lighting goleuadau argyfwng
  emergency meeting cyfarfod brys
  emergency services gwasanaethau argyfwng
  emergency work gwaith brys
emoluments ategolion (cyflog)
employee gweithiwr *g*; un a gyflogwyd gan . . .
  employees at work gweithwyr wrth eu gwaith
employer cyflogwr *g*
employment cyflogaeth *b*
  employment office swyddfa gyflogi
  Employment Rehabilitation Centre Canolfan Ymaddasu at Waith
  Employment Service Agency Swyddfa'r Gwasanaeth Cyflogi
  employment training hyfforddiant cyflogaeth
Enabling Act Deddf Dirprwyo Galluoedd
enclosure
  1. clos *g* (archaeolegol)
  2. cae *g*
to endorse ategu
energy ynni *g*
  energy cuts arbedion ynni
to enforce (an act)
  1. sicrhau ufudd-dod
  2. gorfodi
enforcement action gweithred orfodi
enforcement notice rhybudd gorfodi
engineer peiriannydd *g*
engineering peiriannyddol
  engineering drawing lluniadau peirianyddol
England and Wales Cymru a Lloegr
to enhance harddu
  enhancement (of service) ychwanegu at wasanaeth

enlargement chwyddiad *g*
enlarger chwyddwr *g*
enquiry ymholiad *g*
enterprise menter *b*
  enterprise zone ardal fenter
entertainment adloniant *g*
enthusiasts caredigion
entitlement of compensation hawl i iawndal
entrepreneur mentrwr *g*
entry mynediad *g*
  no entry except for access mynediad i ymweld yn unig
to enumerate cyfrif
  enumeration district ardal gyfrif
environment amgylchedd *g*
  Environmental Health Department Adran Iechyd yr Amgylchedd
  environmental impact effaith ar yr amgylchedd
  environmentally favoured area ardal freintiedig ei hamgylchedd
  environmentally sensitive area ardal o amgylchedd sensitif
Equal Opportunities Commission Y Comisiwn Cyfle Cyfartal
equality cydraddoldeb *g*
equated pay cyflogau hafalaidd
escort hebryngwr *g*
essential car user defnyddiwr car hanfodol
established sefydledig *a*
  established use defnydd sefydledig
establishment sefydliad *g*
estate ystad *b*
  estate agent gwerthwr eiddo/stadau
an estimate amcangyfrif *b*
to estimate amcangyfrif
etc. ac yn y blaen; ayyb
European Bureau for Lesser Used Languages Bwrdd Ewrop dros Ieithoedd Llai eu Defnydd
European Economic Community Cymuned Economaidd Ewrop
European Regional Development Fun Cronfa Datblygu Rhanbarthol Ewrop

uro-route ffordd Ewropeaidd

evaluate arfarnu; pwyso a mesur
evaluation of suitability mesur addasrwydd

ening gyda'r nos
early evening min nos
evening class dosbarth nos
good evening noswaith dda
late evening hwyr y nos

ent digwyddiad *g*

evict troi allan

idence tystiolaeth *b*

officio yn rhinwedd ei swydd

examine
1. archwilio (meddygol etc.)
2. arholi (ysgol)

am arholiad *g*
to sit an exam sefyll arholiad

amination in public archwiliad cyhoeddus; arholi'n gyhoeddus

cept ac eithrio (**nid** *ag eithrio*)
with the exception of ac eithrio

cess ychwanegol *a*
excess travel expenses claim form ffurflen gais am gostau teithio ychwanegol
excess weeks wythnosau ychwanegol

change (telephone) cyfnewidfa *b*

exchange cyfnewid

exclude gwahardd (o'r ysgol)
to suspend atal (o'r ysgol)
to expel diarddel (o'r ysgol)

cursion gwibdaith *b*

ecutive gweithredwr *g*
chief executive prif weithredwr
executive committee pwyllgor gwaith
Health and Safety Executive Gweithredwyr Iechyd a Diogelwch

to exempt eithrio
exempt agreement order gorchymyn cytundebau eithrio

to exhibit arddangos

exhibition arddangosfa b

exit allanfa *b*

to expel diarddel
to exclude gwahardd (o'r ysgol)
to suspend atal (o'r ysgol)

expenditure gwariant *g*
accepted expenditure gwariant derbyniol

expenses treuliau; costau
travelling expenses costau teithio

expertise gwybodaeth arbenigol

to expire dibennu; dod i ben

to exploit ymelwa
exploitation ymelwad *g*

an explosive ffrwydryn *g*

to export allforio
exported on the hoof allforio'n fyw

express cyflym
express service gwasanaeth cyflym
express train trên cyflym

expressway gwibffordd *b*

to extend estyn
to extend a welcome croesawu

extension estyniad *g*
extension ladder ysgol estyn
extension studies astudiaethau estynnol

extinguisher diffoddiadur *g*

extra mural studies efrydiau allanol

extractor hidlydd awyr

extraneous matter llygryn *g*

extraordinary meeting cyfarfod arbennig

F

F.U.W. Undeb Amaethwyr Cymru
facilities cyfleusterau
facilitator hwylusydd *g*
facsimile cyflun *g*
factory ffatri *b*
   advance factory ffatri barod
faculty cyfadran *b*
fair teg *a*
   fair comment sylw teg
   Fair Trading Act Deddf Masnachu Teg
faith ffydd *b*
   in good faith yn ddiffuant
family teulu *g*
   family allowance lwfans teulu
   family centre canolfan deuluol
   family counselling cyngor teulu
   family income supplement atodiad incwm teulu
   Family Planning Association Cymdeithas Cynllunio Teuluoedd
   family support cymorth teulu
farm fferm *b*
   farm amalgamation uno ffermydd
   farm grant notification scheme cynllun hysbysu ynghylch ceisiadau grant
   Farm Horticulture Development Scheme Cynllun Datblygu Garddwriaeth Fferm
   farm trail llwybr fferm
   farm visits ymweld â ffermydd
farmer ffermwr *g*
   Farmers Union of Wales Undeb Amaethwyr Cymru
fascia wynebfwrdd *g*
fashion ffasiwn *g*
   fashion parade sioe ffasiynau *b*
fast check out adwy gyflym
fax ffacs *g*
feasible posibl; ymarferol *a*
   feasibility study astudio posibiliadau; astudio pa mor ymarferol
fee ffi *b*
to feed bwydo
   feed stuff bwyd anifeiliaid

feedback
   1. adborth *g* (peirianyddol)
   2. ymateb *g* (pobl)
fellow cymrawd *g* (coleg)
fen cors (asidig) *b*
fence ffens *b*
feofee ffeodydd *g*
to fetter llyffetheirio
   to fetter the right llyffetheirio'r hawl
fibreglass gwydr ffeibr
fidelity ffyddlondeb *g*
   fidelity guarantee gwarant ffyddlondeb
Field Studies Council Y Cyngor Astudiaethau Maes
field study astudiaeth maes
field work gwaith maes
to file ffeilio
filing clerc clerc ffeilio
filler deunydd llenwi
filling station gorsaf betrol
filter hidlydd *g*
   filter signal arwydd hidlo
finalists is-bencampwyr (am dîm)
finance cyllid *g*
to finance cyllido
financial ariannol *a*
   financial loss allowance lwfans digolledu
   financial year blwyddyn ariannol
a finish caboledd *g*
   ebony finish caboledd eboni
to finish caboli (gosod haen)
fire tân *g*
   fire brigade y frigâd dân
   fire commander pennaeth tân
   fire door drws atal tân
   fire equipment offer tân
   fire escape dihangfa dân; grisiau tân
   fire exit drws dianc; allanfa dân
   fire extinguisher diffoddiadur
   fire precautions rhagofalon tân
   fire prevention atal tân

reman diffoddwr *g*

rm
firm contract contract pendant

rst cyntaf
first aid cymorth cyntaf
first line supervisors goruchwylwyr cyntaf

sh pysgodyn *g*
fish 'n' chips sgod a sglod
fish and chip shop tafarn datws; siop sglodion
fish hatchery deorfa bysgod
fish pass grisiau pysgod

fit gosod
fitted cupboards cypyrddau gosod
fitted wardrobes wardrobau gosod; wardrobau yn y wal

tting gosodyn *g*
furniture and fittings dodrefn a gosodion

xed sefydlog *a*
fixed penalty dirwy sefydlog; cosb benodedig
fixed price pris sefydlog

xture gosodyn *g*

ag baner *b*
flags will be flown at half mast gostyngir y baneri

ag stone carreg palmant

akes plu (eira; sebon)

ashing[1] fflachiog (goleuadau)

ashing[2] asiad *g* (ar adeilad)

at gwastad *a*
flat precept praesept gwastad
flat rate payment tâl unffurf safonol

flat fflat *b*

exible hyblyg
flexible working hours gweithio oriau hyblyg

xibility hyblygrwydd *g*

ods llifogydd
flood storage area goferfa *b*

oor llawr *g*

oorspace arwynebedd llawr

a flow llif *g*
free flow (of traffic) rhwydd hynt

to flow llifo

fly
fly tipping tipio heb ganiatâd

flyover trosffordd *b*

foam ewyn *g*

foil papur gloyw

folder plygydd *g*

folio dalen (unplyg)

food bwyd *g*
Food Hygiene Regulations Rheolau Glendid Bwyd

footbridge pompren *b*; pont gerdded

footings sodlau (adeilad); sylfeini

footpath llwybr troed
footpath diversion order gorchymyn gwyro llwybr

footway rhodfa *b*

for ar gyfer
for office use only at ddefnydd swyddfa yn unig; ar gyfer y swyddfa yn unig
for use by ar gyfer

forecourt blaen-gwrt *g*

foreign estron *a*
foreign body llygryn

foreman fforman *g*
foreman of the jury penrheithiwr *g*

forest coedwig *g*
(**woodland** coetir *g*
copse/spinney coedlan *b*)
forest enterprise menter coedwigaeth
forest interpretation centre canolfan ddehongli'r goedwig
forest lodge porthdy'r goedwig

forestry coedwigaeth *b*
Forestry Commission Y Comisiwn Coedwigaeth

forklift truck fforchgodwr *g*

formal ffurfiol *a*
formal motion cynnig ffurfiol

forward planning cynllunio tymor hir

foster

to foster maethu
   Foster Care Association
   Cymdeithas Gofal Maeth
   foster parents rhieni maeth
   fostering officer swyddog plant
   maeth
   fostering scheme cynllun gofal
   maeth (y sir)

foul budr; brwnt *a*
   foul sewer ffos carthion aflan
   foul water dŵr budr

foundation sylfaen *b*
   foundation course cwrs sylfaen; cwrs
   rhagarweiniad
   foundation governor sylfaen
   lywodraethwr
   foundation studies astudiaethau
   sylfaenol

four wheel drive vehicle cerbyd gyriant
   pedair olwyn

fraud twyll *g*

free am ddim/di-dâl
   free parking parcio am ddim
   free post system system cludiad am
   ddim
   free range hens ieir rhydd

freehold rhyddfraint *b*
   freehold purchase prynu rhyddfraint

freelance ar ei liwt ei hun *a*

freight nwyddau
   Freight Transport Association
   Cymdeithas y Cludwyr Nwyddau

frequency amlder *g*

fresh water dŵr croyw

fringe areas ardaloedd ymylol

frontage tu blaen

fronting o flaen

frozen food rhewfwyd *g*

fuel tanwydd *g*

full llawn; cyflawn *a*
   full board llety cyflawn
   full cost contract cytundeb cost lawn
   full time llawn amser
   full time equivalent cyfwerth
   (gweithiwr) llawn amser
   full year blwyddyn gron

functional gweithredol
   functional strategy strategaeth
   weithredol

fund cronfa *b*

Further Education Addysg Bellach
Higher Education Addysg Uwch

G

G.C.E. Tystysgrif Addysg Gyffredinol
T.A.G.

G.C.S.E. Tystysgrif Gyffredinol Addysg
Uwchradd T.G.A.U.

G.R.E. Gwariant Denu Grant

gabion cawell atgyfnerthu *g*

gadget dyfais *b*

gallery oriel *b*
   art gallery oriel gelf

garage
   1. garej *g* (wrth y tŷ)
   2. modurdy *g* (gwerthu petrol a cheir)

(a) gathering cynulliad *g*

General and Municipal Workers Union
Undeb y Gweithwyr Cyffredinol a
Bwrdeisiol

general improvement area ardal gwella
cyffredinol

**General Purposes, Selection and
Review Committee** Pwyllgor
Amcanion Cyffredinol, Dewis ac
Adolygu

generator
   1. generadur *g* (trydan)
   2. cynyrchiadur *g*

geotechnical daeardechnegol *a*

geriatric
   geriatric hospital ysbyty'r henoed

geriatrician meddyg henaint; geriatrydd
g

geriatrics geriatreg *b*

giant enfawr *a*

giant cawr *g*

ft
1. anrheg *b* (Nadolig etc.)
2. dawn (gallu)
gift voucher tocyn anrheg

fted children plant dawnus

ve way ildiwch

ebe land clastir *g*

obal
global sum cyfanswm

ɔing concern menter lewyrchus

ɔods nwyddau

overning Body Corff Llywodraethol

overnment Control System System Reoli'r Llywodraeth

ɔvernor llywodraethwr *g*

grade gradd *b*

grade graddoli

raded post swydd wedi'i graddio

raduated pension pensiwn graddedig

rand total cyfanswm llawn

randstand eisteddle *g*

rant cymhorthdal *g*
Grant Related Expenditure Gwariant Denu Grant

grant rhoi caniatâd

raphics gwaith graffig

rassland tir glas

ratuity cydnabyddiaeth *b*

razing licence trwydded bori

reen Cross Code Rheolau'r Groes Werdd

rievance procedure trefn gwyno

grit graeanu

ritter graeanwr *g* (peiriant)

ross
1. gros *a*;
2. crynswth *a*

gross domestic product cynnyrch domestig gros
gross misconduct camymddwyn difrifol
gross pay cyflog gros

ground¹ mâl *a*
ground sugar siwgr mâl

ground²
ground floor llawr gwaelod

grounds tir *g*
grounds supervisor goruchwyliwr tiroedd

ground-zero marc sero

groundsman tirmon *g*

group grŵp *g*
group practice grŵp meddygon

growth centre canolfan dwf

groyne pared traeth

guard
guard rail canllaw diogelwch

guardian gwarcheidwad *g*

guest house tŷ aros
boarding house llety
hotel gwesty

guestimate amcanddyfaliad *g*

guidance
child guidance cyfarwyddo plant
guidance note cyfarwyddyd *g*

to guide cyfarwyddo

guide book
1. arweinlyfr *g* (cyffredinol)
2. teithlyfr *g*

guide dogs for the blind cŵn tywys i'r deillion

guided tour taith dywys

guidelines canllawiau

guide (girl) geid *b*

to guillotine gosod cyfyngiad amser (ar fesur seneddol)

H.G.V.

H

H.G.V. cerbyd nwyddau trwm
H.L.C.A. lwfansau cyfadfer tir mynydd
H.M.I. Arolygwyr Ei Mawrhydi; A.E.M.
H.M.S.O. Gwasg Ei Mawrhydi
H.N.D. Diploma Genedlaethol Uwch
H.Q. pencadlys *g*
H.S.E. Awdurdod Gweithredol Iechyd a Diogelwch
H.T.C. Tystysgrif Technegydd Uwch
habitat cynefin *g*
half mast (baner) wedi'i gostwng
halfway house cartref ymaddasu
hallmark dilysnod *g*
a halt arhosfa (drên) *b*
hand llaw *b*
    hand rail canllaw *g*
handicap anfantais *b*
handicapped dan anfantais
handlebar corn (beic) *g*
to hang glide barcuta
harbour master harbwrfeistr *g*
hardcore cerrig sadio
hardstanding llecyn parcio
hardware caledwedd (cyfrifiadur) *g*
hauler haliwr *g*
haymeadow cae gwair *g*
hazardous peryglus *a*
head pennaeth *g* (nid 'prifathro' os oes angen osgoi gwahaniaethu ar sail rhyw)
    Head Masters Association Cymdeithas y Prifathrawon
    head warden prif warden
headlamps lampau mawr
    dipped wedi'u gostwng
    sidelights golau bach
health iechyd *g*
    Health Advisory Service Gwasanaeth Cynghori ar Iechyd
    Health and Safety Executive Awdurdod Gweithredol Iechyd a Diogelwch
    health visitor ymwelydd iechyd

hearing aid cymorth clyw
to heat gwresogi
    heating allowance lwfans cynhesu
    heating and electrical inspector arolygwr gwres a thrydan
    heating engineer peiriannydd gwresogi
heavy goods vehicle cerbyd nwyddau trwm
hectare hectar *g*
hedgecutting torri gwrychoedd; tocio cloddiau
helmet helmed *b*
Help the Aged (Mudiad) Cymorth i'r Henoed
herbalist perlysieuydd *g*
herbicide llysleiddiad *g*
herbs perlysiau
hereby
    I hereby agree cytunaf yma; yr wyf drwy hyn yn cytuno
    I hereby authorise and request gofynnaf i chi roddi, gyda'm bendith
    I hereby certify tystiaf yma
hereinafter called a elwir ... . wedi hyn
herewith yma
heritage coast arfordir treftadol
herring bone layout parcio igam ogam
herring bone milking parlour parlwr godro saethben
high uchel *a*
    high court uchel lys
    high speed train gwibdren
    high tea te mawr
higher uwch
    Higher Education Addysg Uwch
    Higher Education in the Non-University Sector Addysg Uwch ar wahân i Addysg Brifysgol
highly pressurised coastal area arfordir dan bwysau trwm
highness
    her highness ei huchelder
    your highness eich uchelder
    your majesty eich mawrhydi

ghway priffordd; ffordd fawr
Highway Authority Awdurdod
Priffyrdd
highway maintenance cynnal y
ffyrdd

ll
hill farm fferm fynydd
hill land compensatory allowances
lwfansau cyfadfer tir mynydd

llfort caer *b*; bryngaer

pped **pitched roof** to crib pedair rhan

• hire llogi
on hire ar log

re purchase hurbwrcas *g*

older **(of post)** deiliad *g*

olding daliad *g*

oliday gŵyl
holiday home tŷ haf
holiday project cynllun gwyliau
holiday season tymor ymwelwyr
holiday village pentref gwyliau

ome cartref *g*
holiday home tŷ haf
home based rate y gyfradd i rai sy'n
byw gartref
home care gofal yn y cartref
home carers gweithwyr gofal yn
y cartref
home cover station gorsaf warchod
home defence amddiffyn gartref
home for the elderly cartref i'r
henoed
home help cymorth cartref
home killed meat cig cartref
home loss payment tâl colli cartref
**home placement scheme for the
elderly** cynllun cartrefu'r henoed
home start scheme cynllun cynnal
aelwyd
home support service gwasanaeth
cynnal cartref
home visit ymweliad cartref

omeless digartref *a*

homemaker cartrefwr *g*
honorarium cydnabyddiaeth *b*
honorary mygedol
Hon. Sec. Ysgrifennydd Mygedol
hopper hopran *b*
horizontal llorwedd *a*
hotel gwesty *g* (gwestai)
house tŷ; cartref
house father tad cartref
house mother mam gartref
House of Commons Tŷ'r Cyffredin
house parent rhiant cartref
housebound reader darllenydd caeth i'w
gartref
housekeeper howsgipar *b*; morwyn tŷ
housing[1] cragen *b*
petrol pump housing cragen pwmp
petrol
housing[2]
The Housing Act Deddf Tai
Housing Action Area
Ardal Adnewyddu Tai
Housing Corporation
Y Gorfforaeth Dai
housing improvement area
ardal gwella tai
housing possession order
gorchymyn meddiannu tai
hub cap cap both
hump-backed bridge pont gefngrwm
hybrid worker gweithiwr amlbwrpas
hydrant heidrant *g*
hydro-electric hydro-drydanol; trydan
dŵr
hygiene glanweithdra *g*; hylendid *g*
hygienic hylan
hygienic unit uned hylan
hyperactive goregnïol *a*
hypermarket archfarchnad *b*
hypothermia hypothermia; rhyndod *g*

I

I.E.E. Sefydliad y Peirianwyr Trydan

I.N.S.E.T. Hyfforddiant Mewn Swydd

I.P.F.A. Sefydliad Cyllid a Chyfrifeg Cyhoeddus

I.T. technoleg gwybodaeth

I.T.E.C. Canolfan Technoleg Gwybodaeth

identification and documentation adnabod a dogfennu

to identify dynodi (ar fap etc.)

identity hunaniaeth *b*
    identity disc disg adnabod

idiot child plentyn ynfyd

illegal anghyfreithlon *a*

illiteracy scheme cynllun llythrennedd

illuminated sign arwydd wedi'i oleuo

immediate past chairman cyn-gadeirydd

immigration mewnfudo *be*

to immobilise llonyddu (meddygol)

impartial amhleidiol *a*

to implement gweithredu

implication goblygiad *g*

imported meat cig tramor
    home killed meat cig cartref

imprest imprest *g*

improvement gwelliant *g*
    improvement grant grant gwella

improvised byrfyfyr *a*
    improvised centre canolfan fyrfyfyr

in
    in accordance with yn unol â
    in care mewn gofal; dan ofal
    in due course yn y man; maes o law
    in favour o blaid
    in lieu yn lle

incentive bonus bonws cymell

incidentals costau ychwanegol

incinerator llosgydd *g*; ffwrn losgi

increment cynyddran *b*; increment *g*

incremental cynyddrannol *a*

to indemnify rhyddarbed

index mynegai *g*

indicator dangosydd *g*
    performance indicators dangosyddion cyflawni

indisposition anhwylder *g*

inducement cymhelliad *g*

induction course cwrs cyflwyno

industrial diwydiannol *a*
    industrial air pollution inspectorate arolygwyr llygredd awyr gan ddiwydiant
    industrial estate stad ddiwydiannol
    industrial injury anaf diwydiannol
    Industrial Relations Act Deddf Cysylltiadau Diwydiannol

inescapable anochel *a*

infant y bychan; y fechan (*pan nad oes sicrwydd ai babi neu blentyn a olygir, e.e. wrth lenwi ffurflenni mabwysiadu*)
    infant school ysgol fach

to infill mewnlenwi
    infill site safle mewnlenwi

infirm methedig; musgrell
    elderly mentally infirm henoed dryslyd

inflammable fflamychol

inflation chwyddiant *g*

infopoint hysbysbwynt *g*

informal anffurfiol *a*
    informal recreational pressures pwysau adloniant anffurfiol

information 1. gwybodaeth *b*; 2. hysbysrwydd *g* (publicity)
    information cabinet cwpwrdd hysbysrwydd
    information centre canolfan hysbysrwydd
    information officer swyddog hysbysrwydd
    information point man gwybodaeth
    information service gwasanaeth hysbysrwydd

information technology technoleg gwybodaeth
    information technology centre canolfan technoleg gwybodaeth

infrastructure isadeiledd *g*

inhibit llesteirio

initial
initial prediction rhag-amcan
sylfaenol
initial clothing allowance lwfans
dillad cyntaf
initial training period cyfnod
hyfforddiant dechreuol

initiative arweiniad *g*; dyfeisgarwch *g*;
(menter *b*)

injury anaf *g*

inland mewndirol *a*
inland revenue cyllid mewnol y wlad
Inland Waterway Association
Cymdeithas y Camlesi

in-migration mewnfudiad *g*

innovation menter arloesol
innovation grant grant arloesi

inoculate gwrth-heintio

in-patient claf preswyl

input mewnbwn *g*

inquest cwest *g*

inquiry ymchwiliad *g*

insert mewnosod

in-service mewn swydd
in-service education and training
hyfforddiant mewn swydd

inspect
1. archwilio (cyfrifon)
2. arolygu (ysgol)

inspection committee pwyllgor archwilio

inspector arolygydd *g*
inspector of taxes arolygydd trethi

inspectorate arolygwyr

installation charge cost gosod
(cost osod = set charge)

instalment rhandal *g*
by instalments fesul rhandal

an institute sefydliad *g*
Institute of Advanced Motorists
Sefydliad Gyrwyr Safon Uwch
Institute of Electrical Engineers
Sefydliad y Peirianwyr Trydan
Institute of Public Finance and
Accountancy Sefydliad Cyllid a
Chyfrifeg Cyhoeddus

to institute (legal proceedings) dwyn
achos cyfreithiol

instrument and articles of government
offeryn ac erthyglau llywodraethu

instrument of management offeryn
rheoli

insurable employment gwaith
yswiriadwy

insurance yswiriant *g*
insurance ombudsman bureau
gwasanaeth yr ombwdsmon yswiriant
insurance policy polisi yswiriant
(rhag tân etc.)

insurer yswiriwr *g*

integral annatod *a*

to integrate cymathu; ymdoddi

integrated cyfunedig; integredig
integrated circuit cylched gyfunedig
integrated courses cyrsiau cyfunedig
integrated developments cyd-
weithrediadau datblygu; datblygiadau
integredig

intelligence
1. deallusrwydd *g*
2. cyfrin-wybodaeth *b* (milwrol etc.)

intensive dwys *a*
intensive breeding dwysfagu
intensive care gofal dwys
intensive farming dwysffermio

to interchange cyfnewid
interchange of teachers scheme
cynllun cyfnewid athrawon

inter-city rhyng-ddinasol; rhyng-
ddinasoedd

intercom system system intercom

inter-departmental working party
gweithgor cyd-adrannol

inter-disciplinary cyd-wyddorol *a*
multi-disciplinary amlwyddorol

interest
1. diddordeb *g*
2. llog (ariannol)
to declare an interest datgan
diddordeb; mynegi buddiant
interest free loan benthyciad di-log
interest relief llog manteisiol

interested bodies cyrff â diddordeb

interim

interim dros dro *a*
  interim certificate tystysgrif dros dro
  interim report adroddiad dros dro

intermediate area ardal ganolig

intermediate treatment triniaeth ganolradd

internal auditor archwiliwr mewnol

international rhyngwladol *a*
  international year of . . . blwyddyn ryngwladol . . .

interphase rhyngwedd *b*

interpretation act deddf ddehongli

interpretation centre canolfan hysbysrwydd

interpretive trail llwybr gyda chyfarwyddiadau

an interview cyfweliad *g*

to interview cyfweld â

interviewing skills techneg cyfweld

to introduce cyflwyno
  to introduce new industry sefydlu (*yn well na chyflwyno*)

introduction
  1 rhagarweiniad *g* (llyfr)
  2. cyflwyniad *g* (person)

intrusion ymyrraeth *b*

intrusive urban development datblygiad trefol ymwthiol/ goramlwg

invalid di-rym; annilys *a*

an invalid person ag analluedd (fel term manwl gywir); person methedig (fel arfer)
  invalid car car person anabl

to invalidate dirymu

invalidity analluedd *g*
  disability anabledd *g*

invasive (plant species) estron *a*

inventory llechres *b*

to invest buddsoddi

investment buddsoddiad *g*

to invigilate arolygu

invoice anfoneb *b*

involved â rhan (yn); cysylltiedig
  other parties involved eraill y bo hy yn ymwneud â hwy

Irish Sea Môr Iwerddon

to isolate ynysu

isolated anghysbell; ynysig *a*

isolation room ystafell ynysu

an issue mater *g*; ystyriaeth *b*
  issue report pwnc trafod
  share issue dyroddiad cyfranddaliadau

to issue anfon; cyflwyno

issued share capital cyfalaf cyfranddaliadol a ddyroddwyd

J

J.A.B. Cyrff Dyfarnu Cyfunol

J.N.C. Cyd-bwyllgor Amodau

a jingle rhigwm *g*

job gwaith *g*
  job costed work gwaith a brisiwyd
  job creation programme rhaglen greu gwaith
  job description swydd-ddisgrifiad *g*
  job point stondin gwaith
  job release scheme cynllun rhyddhau o('u) swyddi
  job section scheme cynllun gwaith adrannol

Joint Awarding Bodies Cyrff Dyfarnu Cyfunol
  Joint Contract Tribunal Cyd-dribiwnlys Contractau

joint scheme cynllun ar y cyd

journal cylchgrawn *g*

junction cyffordd *b*

junior iau *a*
  junior school ysgol plant iau
  junior staff staff iau

juvenile court llys yr ifanc

juvenile delinquent plentyn anystywallt

K

ఇep fit cadw'n heini
ఇep left sign arwydd cadw i'r chwith
ఇy allwedd *b*; agoriad *g*
  keynote yr egwyddor allweddol
  key sector sector allweddol
  key service indicator cymhariaeth allweddol

keyboard
  1 bysellfwrdd *g* (teipiadur)
  2. allweddell *b* (cerddoriaeth)
kinship network gwead teuluol
kiosk caban *g*
kissing gate giât fochyn
knock-on effect effaith ddilynol

L

.A.C.S.A.B. Bwrdd Cynghori Amodau Gwaith Awdurdodau Lleol
.E.A. Awdurdod Addysg Lleol
.M.S. Rheolaeth Ysgolion yn Lleol
ﬞ cyf.
ﬞbour llafur *g*
  labour intensive dwyslafur
  labour relations officer swyddog cysylltiadau gwaith
ﬞnd tir *g*
  Land Authority for Wales Awdurdod Tir Cymru
  land charges pridiannau tir
  Land Compensation Act Deddf Iawndal am Dir
  Land Drainage Act Deddf Sychu Tir
  land policy statement datganiad polisi tir
  land tribunal tribiwnlys tir
  land valuation and management department adran prisio a rheoli tir
ﬞndlady gwraig llety (Gwasanaethau Cymdeithasol)
ﬞndlord
  1. landlord *g*
  2. meistr tir
  3. gŵr llety (Gwasanaethau Cymdeithasol)
landscape
  1.tirwedd *b* (cynllunio)
  2. tirlun *g* (celf)
  landscape areas special development order gorchymyn datblygu arbennig ardaloedd tirweddol
  landscape conservation area ardal gwarchod y dirwedd

  landscape improvement gwella tirwedd
to landscape tirweddu
  landscape architect pensaer tirweddu
  landscape consultant ymgynghorydd tirweddu
landslide tirlithriad *g*
lapsed development datblygiad na weithredwyd
laterality ochroliaeth *b*
lay-by cilfan barcio
layout dosbarthiad *g*
lead-in payments taliadau cynefino
lead payment arweindal *g*
a lease prydles *b*
to lease prydlesu
leave gwyliau
  annual leave gwyliau blynyddol
  special leave caniatâd arbennig
legacy cymynrodd *b* (ystyriwch hefyd etifeddiaeth; treftadaeth)
legislation deddfwriaeth *b*
leisure hamdden *g*
  leisure centre canolfan hamdden
to lend arfenthyg; rhoi ar fenthyg
less
  1. llai
  2. namyn
  less favoured areas ardaloedd llai ffodus
lessor prydleswr *g*
letters of administration llythyrau gweinyddu

level crossing

level crossing (railway) croesfan reilffordd

to levy codi (treth)

liability atebolrwydd *g*
  full llawn
  limited rhannol
  reduced llai

liability without fault atebolrwydd heb fai

liable
  liable to flood llifogydd achlysurol
  liable to inspection gellir ei (h)archwilio
  liable to subside â thuedd i suddo

liaison cyswllt *g*
  liaison committee pwyllgor cyswllt
  liaison group grŵp cyswllt

liberal studies astudiaethau breiniol

licence trwydded *b*
  licence exemption esgusodeb trwydded
  licence holder amlen drwydded

Licensed in Pursuance of Act of Parliament for Music and Dancing Trwyddedig yn unol â Deddf Gwlad ar gyfer Cerddoriaeth a Dawnsio

Licensed Victuallers Association Cymdeithas y Tafarnwyr

lieu (in lieu) yn lle

life bywyd *g*
  life insurance premium premiwm yswiriant bywyd
  life jacket siaced achub
  life skills dysgu byw; sgiliau byw

lifeboat bad achub
  inshore lifeboat bad achub y glannau
  offshore lifeboat bad achub y cefnfor

a lift lifft *g*

to lift codi

lifting tackle and lifts offer codi a lifftiau

light ysgafn *a*
  light railway lein fach

a light goleuni *g*
  in the light of information contained yng ngoleuni'r wybodaeth . . .

limited cyfyngedig *a*
  limited stop buses bysus aros dethol

line llinell *b*
  line management rheolaeth linell
  line regiment catrawd linell
  line terminal apparatus offer cyfathrebu gwifrol

linearity llinelledd *g*

link dolen gyswllt
  link course cwrs dolen
  link fence ffens ddolennog
  link road ffordd gyswllt

liquefied petroleum gas nwy petroliwm hylifedig

liquid hylif *g*
  liquid paper gwyn dileu; hylif cywiro
  liquid propane gas nwy hylif propan

liquidated and ascertained damages iawndal penodedig a mesuredig

liquidation (of company) diddymu *be*; diddymiad *g*

listed building adeilad rhestredig

literacy llythrennedd *g*

litter sbwriel *g*
  litter bin free zone ardal heb finiau sbwriel
  litter policy statement datganiad polisi sbwriel

livestock da byw

loan benthyciad *g*
  loan charge cost benthyg
  loan sanction hawl benthyg

a lobby cefnogwyr
  forestry lobby cefnogwyr coedwigaeth

to lobby pwyso ar

local lleol *a*
  local calls galwadau lleol
  Local Commissioner for Local Administration in Wales Y Comisiynydd Lleol dros Weinyddiaeth Leol yng Nghymru (Ombwdsmon Lleol)

Local Government (Access to Information) Act Deddf Llywodraeth Leol (Hawl i Wybodaeth)
Local Government, Planning and Land Act Deddf Llywodraeth Leol, T a Chynllunio

Local Government Superannuation Regulations Rheolau Oed-dal Llywodraeth Leol
Local Government Training Board Bwrdd Hyfforddi Llywodraeth Leol
ɔcal Management of Schools Rheolaeth Ysgolion yn Lleol
cal occupancy agreement cytundeb preswyliaeth leol
cal plan cynllun lleol
Local Plan on Touring Caravans and Tents Cynllun Lleol ar Garafannau Teithiol a Phebyll
cally determined schemes cynlluniau a bennir yn lleol
ck-up garage garej cloi a gadael
dge porthdy *g*
g sheet teithlen gyrrwr
go arwyddlun *g*

lone-parent unig-riant; un rhiant
long distance (bus) bws teithiau pell
long distance footpath llwybr hirfaith
long term programme rhaglen i'r dyfodol
loss adjuster cymhwyswr colledion
lost time notifiable accidents damweiniau i'w cofnodi lle collwyd amser
lottery lotri *b* (lotrïau)
loudspeaker uchelseinydd *g*
low isel *a*
    low (air) pressure gwasgedd isel
    low (blood) pressure pwysedd isel
lower essential user rate y raddfa is ar gyfer defnyddwyr hanfodol
lump sum taliad crynswth; cyfandaliad
luncheon club clwb cinio

M

.A.F.F. Y Weinyddiaeth Amaeth, Pysgodfeydd a Bwyd
.B.E. Aelod o Urdd yr Ymerodraeth Brydeinig
.E.P. Aelod Seneddol Ewropeaidd
.P. (A.S.) Aelod Seneddol
.S.C. Y Comisiwn Gwasanaeth Gweithwyr
machine peiriant *g*
    machine shop engineering peirianneg gweithdy
    machine caboli (h.y. llyfnhau a gloywi)
ade
    as made fel y'i gwnaethpwyd
    made out yn daladwy i
agistrate ynad *g*
aiden name enw morwynol
ail post *g*
    mail order archebu drwy'r post
    mail order protection scheme cynllun gwarchod archebwyr drwy'r post
ailing list rhestr lythyru

main prif *a*
    main line lein fawr
    main point of contact cysylltiad agosaf
    water main prif bibell ddŵr
mains y prifion; prif gyflenwad
    mains electricity prifion/prif gyflenwad trydan
    mains water prifion/prif gyflenwad dŵr
maintenance cynnal a chadw
    maintenance and monitoring building adeilad cynnal ac arolygu
major
    major building starts programme y brif raglen adeiladu
    major discretionary awards uwch-ddyfarniadau/grantiau dewisol
    major incident plan cynllun argyfwng mawr
    major roadworks ahead Gwella'r Ffordd—Gwyliwch!
    major school building programme y brif raglen adeiladu ysgolion
a make gwneuthuriad *g*
    make of car gwneuthuriad car

make

to **make** gwneud
  make good adfer; atgyweirio; unioni
maladjusted heb ymaddasu
maladjustment methu ymaddasu
maladministration camweinyddu *be*
man dyn *g*
  man days dyn-ddyddiau
  man-hours dyn-oriau
to **manage and control** rheoli
management rheolaeth *b*
  management agreement cytundeb
  rheoli
  management committee pwyllgor
  rheoli
  **management and development
  control policies** polisïau goruchwylio
  a rheoli datblygiad
managing director rheolwr gyfarwyddwr
mandatory award dyfarniad/grant
  gorfodol
  mandatory award regulations
  rheolau dyfarniadau/grantiau gorfodol
manhole twll archwilio
  manhole cover caead twll archwilio
man-made facilities cyfleusterau
  gwneud/o waith dyn
manning staffio *be*
manpower gweithlu
manpower control rheoli nifer y gweithlu
manpower returns ystadegau staffio
Manpower Services Comission
  Comisiwn Gwasanaethau'r Gweithlu
manual â llaw
  manual control rheoli â llaw
  manual transport cludiant didanwydd
  manual workers gweithwyr llaw
  non-manual workers gweithwyr coler
  a thei
a manual llawlyfr *g*
manufacturing industry diwydiant
  cynhyrchu
margin ymyl dalen
marital conflict anghydfod priodasol
maritime studies astudiaethau morol
marker stone maen hir

market research ymchwil i'r farchnad
markings marciau
a maroon ergyd roced
marriage guidance cyfarwyddyd
  priodasol
mass burial claddu torfol
master plan pencynllun *g*
master switch prif swits
material change (of use) newid defnydd
  sylweddol
material considerations ystyriaethau
  perthnasol
maternity allowance lwfans mamolaeth
 maternity leave absenoldeb mamolaeth
meals on wheels pryd ar glud
mean cymedrig *a*
  mean score sgôr gymedrig
  mean sea level lefel môr gymedrig
means of access mynedfa *b*
means test prawf cyfoeth
mechanic mecanydd *g*
mechanics mecaneg *b* (astudiaeth)
medium lled *a*
  medium secure therapeutic unit
  uned therapiwtig led gaeth
a medium cyfrwng *g*
  medium of instruction cyfrwng dysg
member aelod *g*
  added ychwanegol
  co-opted cyfetholedig
  nominated enwebedig
Member of the European Parliament
  Aelod Seneddol Ewropeaidd
Member of Parliament Aelod Seneddol
membership aelodaeth *b*
mental meddyliol *a*
  mental defectives anafusion
  meddyliol
  mental disorder anhwylder meddyliol
  Mental Health Act Deddf Iechyd
  Meddwl
  mental health services
  gwasanaethau iechyd meddwl
  mental illness salwch meddwl
mentally defective â nam meddyliol

entally disordered ag anhwylder meddyliol

entally handicapped dan anfantais feddyliol

entally ill yn dioddef o salwch meddwl

e mentally ill y claf eu meddwl

entally infirm (elderly) henoed dryslyd

entally severely sub-normal yn ddifrifol is-normal feddyliol

entor cynghorwr gwaith

erit teilyngdod *g*

essenger negesydd *g* (negeswyr)

etalliferous mining mwyngloddio metelifferaidd

eteorological meteorolegol *a* (tywydd)

etrological mesuregol (weights & measures)
metrological control rheoli maint a phwysau; rheolaeth fesuregol

icroelectronics programme rhaglen ficroelectronig

icrofilm reader chwyddiadur *g*

icroprocessor retraining courses cyrsiau ailhyfforddi ar gyfer meicrobroseswyr

iddle management y rheng ganol

idlands
canolbarth Cymru ond canoldir Lloegr

igrants
1. mewnfudwyr;
2. allfudwyr;
3. ymfudwyr

indful to approve o blaid cymeradwyo

ineral mwyn *g*
mineral extraction mwyngloddio
mineral rights hawliau mwyngloddio
mineral valuer prisiwr mwynau
mineral workings gweithfeydd mwyn

inimal cost cost bitw

inimum lending rate y raddfa fenthyg isaf

inister of State for Consumer Affairs Y Gweinidog Gwladol dros Faterion Defnyddwyr

Ministry of Agriculture, Fisheries and Food Y Weinyddiaeth Amaeth, Pysgodfeydd a Bwyd

Ministry of Transport Y Weinyddiaeth Drafnidiaeth

minor discretionary award is-ddyfarniad dewisol

minor road is-ffordd *b*; ffordd fechan

minor works mân weithiau

minute cofnod *g*

miscellaneous amrywiol *a*
miscellaneous grade graddfa amrywiol

misconduct camymddwyn *be*
gross misconduct camymddwyn difrifol

misgivings amheuon; ofnau

mist niwlen *b*
fog niwl

mixed ability gallu cymysg

mixed day centre canolfan ddydd amlbwrpas

mobile
1. teithiol
2. symudol
mobile classroom dosbarth symudol
mobile library llyfrgell deithiol
mobile telephone ffôn symudol
mobile worker gweithiwr teithiol

mobilisation byddino *be*

mobility symudedd *g*
mobility officer swyddog symudedd
mobility rehabilitation training hyfforddiant adfer symudedd

model instructions for accident and emergency departments cyfarwyddiadau manwl ar gyfer adrannau damweiniau ac argyfwng

model scheme cynllun arbrofol; cynllun model

moderately used areas ardaloedd defnydd cymharol

moderator canolwr *g*
standardiser safonwr *g*

modification order gorchymyn diwygio
amendment order gorchymyn newid

modifier addasydd

monetory compensation iawndal ariannol

to monitor
1. arolygu;
2. goruchwylio

monitoring
    monitoring posts safleoedd goruchwylio
    monitoring signal signal goruchwylio

Monopolies and Mergers Commission Comisiwn Monopolïau ac Ymsoddiadau

monthly in arrears yn fisol am y mis aeth heibio

moor and heath rhostir a gweundir

to moor angori *be*

a mooring angorfa *b* (angorfeydd)

morse code côd morse

mortgage facilities cyfleustra morgais

mortgage interest llog morgais

mortuary marwdy *g*

motion cynnig
    alteration of motion newid cynnig
    amendment of motion gwella cynnig
    to propose an amendment cynnig gwelliant

motion pictures lluniau byw

motivation cymhelliad *g*

motor sports chwaraeon modur

Motor Vehicles Competitors and Trials Regulations Rheolau Cystadleuwyr a Threialon Ceir Modur

Motor Vehicles (Construction and Use) Regulations Rheolau (Adeiladwaith a Defnydd) Cerbydau Modur

motorway traffordd *b*

mound crug *g*

mountain rescue achub o'r mynyddoedd

to move (a motion) cynnig

multi-disabled â sawl anabledd
    multi-disabled games mabolgampau'r methedig

multi-disciplinary amlwyddorol
    multi-diciplinary provision darpariaeth amlwyddorol

multi-functional units unedau amlbwrpas

multi-gym campfa amlbwrpas

multi-purpose centre canolfan amlbwrpas

multiple elections etholiadau cyfansawdd

multiple regression analysis dadansoddiad atchweliad cyfansawdd

multiple sclerosis lluosglerosis

multiple use amlddefnydd

multi-storey aml-lawr

muscular dystrophy distroffi'r cyhyrau

museum amgueddfa *b*

musical cerddorol *a*

a musical drama gerdd

mutual aid cyd-gymorth *g*

N

N.A.C.R.O. Y Gymdeithas Genedlaethol er Gofal ac Adsefydlu Tramgwyddwyr

N.A.F.E. Addysg Bellach Is

N.C.V.Q. Cyngor Cenedlaethol dros Gymwysterau Galwedigaethol

N.F.U. Undeb Cenedlaethol yr Amaethwyr

N.H.S. Gwasanaeth Iechyd Gwladol

N.I. Yswiriant Gwladol

N.J.C. Cyd-gyngor Cenedlaethol

N.N.E.B. Bwrdd Arholi Meithrin Cenedlaethol

N.U.R. Undeb Cenedlaethol y Gweithwyr Rheilffyrdd

N.U.T. Undeb Cenedlaethol yr Athrawon

national curriculum cwricwlwm cenedlaethol

National School Ysgol Rad

ational **Trust** Yr Ymddiriedolaeth Genedlaethol.

atural **wastage** lleihad naturiol

atural **waste** gwastraff naturiol

ature conservancy area gwarchodfa natur

ature Conservancy Council Cyngor Gwarchod Natur

ature conservation gwarchod natur

ature trail llwybr natur

avigational aids cymhorthion llywio

acessary angenrheidiol *a*
  as and when necessary pan gyfyd yr angen

aeds and resources grant grant anghenion ac adnoddau

agative negyddol
  negative growth twf negyddol

negative negydd *g*

agligence esgeulustod *g*

agotiable bond bond negodol

negotiate cyd-drafod

agotiating committee pwyllgor cyd-drafod

aighbourhood social worker gweithiwr cymdeithasol y gymdogaeth

at expenditure gwariant net

aw newydd *a*
  new entrant glasfyfyriwr
  new growth twf newydd
  new training initiative ymgyrch hyfforddi newydd

awsletter cylchlythyr

ght attendant swyddog nos

ght sitter scheme cynllun gwarchodwyr nos

I growth dim twf

a entry except for access mynediad i ymweld yn unig

a waiting at any time dim aros ar unrhyw adeg

aisy pursuit gweithgaredd swnllyd

aminal capacity lle a bennwyd

aminal charge tâl cydnabod

nominator enwebydd *g*

nominee enwebai *g*

non-achiever disgybl isgyrhaeddol

non-advanced courses cyrsiau anuwchraddol

Non-Advanced Further Education Addysg Bellach Is

non-book media cyfryngau rhagor na llyfrau

non-committal pen agored

non delinquent creative play chwaraeon creadigol didramgwydd

non-designated course cwrs nas dynodwyd

non-domestic annomestig *a*

non-educational anaddysgol *a*

non-fiction book llyfr ffeithiol

non-financial anghyllidol

non-key sector tu allan i'r sector allweddol

non-listed building adeilad heb ei restru

non-manual anllafuriol

non-metropolitan anfetropolitan *a*

non-operational duties dyletswyddau ysgafn

non-perishable para *be*
  non-perishable goods nwyddau sy'n para

non-professional amhroffesiynol *a*

non-residential dibreswyl *a*

non-salaried personnel gweithwyr ar gyflog wythnosol

non-stick anlynol; sosban slic

non-teaching staff staff ategol

non-vocational analwedigaethol

non-Welsh-speaking di-Gymraeg

norm norm *g*

normal
  in normal years fel rheol

not
  not later than erbyn . . . fan bellaf
  not to be taken away i'w adael yma
  not transferable gwaherddir trosglwyddo

notice

notice rhybudd *g*
  notice is hereby given rhoddir rhybudd drwy hyn
  notice of disposition to adopt local plans rhybudd o fwriad i fabwysiadu cynlluniau lleol
  notice of motion rhybudd o gynnig
  notice of tax assessment rhybudd arfarniad treth incwm
  notice of termination of duties rhybudd terfynu gwaith
  notice to quit rhybudd ymadael

notifiable diseases clefydau hysbysadwy

notification hysbysiad *g*
  The Notification of Accidents and Dangerous Occurrences

Regulations Rheolau Cofnodi Damweiniau Peryglus

notional depreciation dibrisiant tybiedi(

notwithstanding the objections er gwaethaf y gwrthwynebiadau

nuclear power ynni niwclear
  nuclear power station atomfa *b*

nuisance niwsans *g*

numeracy rhifedd *g*

nursery meithrinfa *b;* planhigfa *b* (bloda(

nursery assistant gweinyddes feithrin

nursery rhyme hwiangerdd *b*

nursery school ysgol feithrin

nutrients maetholion

nutritional details manylion y maeth

O

O & M (organisation and methods) trefn a dulliau

O.B.E. Swyddog o Urdd yr Ymerodraeth Brydeinig

O.N.D. Diploma Genedlaethol Gyffredin

obesity gordewdra *g*

to object gwrthwynebu

objective gwrthrychol *a*

an objective nod *g*

obscure glass panel panel gwydr cuddio

observation sylw *g*

observatory gwylfa adar *b*

obsolete ansathredig; wedi'i d(d)isodli *a*

obstruction rhwystr *g*

occupancy rate graddfa ddefnyddio

occupation[1]
  1. swydd *b;*
  2. gwaith *g;*
  3. galwedigaeth *b*

occupation[2] (of building) meddiannu *be;* daliadaeth

occupational interests diddordebau galwedigaethol

occupational therapist therapydd galwedigaethol

occupier deiliad *g*

to occupy meddiannu

offence trosedd *b;* tramgwydd *g*

office swyddfa *b*
  for office use only ar gyfer y swyddfa'n unig
  Office of Fair Trading Swyddfa Masnachu Teg
  Office of Population and Census Surveys Swyddfa Arolygon Cyfrifiadau a Phoblogaeth

officer swyddog *g*

officer cover duties dyletswyddau swyddog wrth law

officer designate swyddog penodedig

officer in charge pennaeth â gofal

Offices, Shops and Railway Premise(Act Deddf Swyddfeydd, Siopau ac Adeiladau Rheilffordd

off-licence siop ddiod

off-peak electricity trydan oriau tawel

off-peak services gwasanaethau oriau tawel

offsetting savings arbedion cyfatebol

off-the-job training hyfforddiant ymaith o'r gwaith

il olew *g*
  oil installation olewfa *b*
  North Sea oil installations
  olewfeydd Môr y Gogledd
il pollution llygredd olew
il rig llwyfan olew
il terminal derbynfa olew
lder leaver specialist arbenigwr
  ymadawyr hŷn
n
  on behalf of ar ran
  on call ar alwad
  on cost ar gost *b*
  on demand yn ôl y galw; ar gais
  on the job wrth weithio
ne un
  one man one job un dyn un
  ddyletswydd
  one off payment tâl unwaith ac am
  byth
  one off products (cynhyrchu)
  eitemau unigol yn ôl y galw
  one parent family teulu un rhiant
  one way system system unffordd
n-going liaison cysylltu parhaus
n-line ar-lein
pen agored *a*
  open house aelwyd agored
  open learning addysg agored
  Open Spaces Act Deddf Mannau
  Agored
  Open University Y Brifysgol Agored
pencast brig *a*
  opencast coal glo brig
  opencast mining cloddio brig
o operate ymgymryd â
  to operate a concession ymgymryd
  â chonsesiwn
peration[1] gweithgaredd *g*
  comes into operation daw i rym
  operations manager rheolwr
  gweithgareddau
  operations room ystafell reoli
  gweithgareddau
peration[2] llawdriniaeth *b* (ysbyty)
perational premises adeiladau
  gweithredu

operational research ymchwil
  gweithgareddau
operator gweithredwr *g*
  bus operators cwmnïau bysus/bysiau
  telephone operator cysylltydd
opportunity cyfle *g*, agoriad *g*
  opportunity purchases prynu pan
  ddaw cyfle
to opt out eithrio
options document dogfen ddewisiadau
oral vaccination llwncfrechiad *g*
order
  1. archeb *b* (siop)
  2. gorchymyn *g* (gorfodaeth)
  3. trefn *b*
  point of order mater o drefn
Order in Council Gorchymyn gan y
  Cyfrin Gyngor
Ordnance Survey Arolwg Ordnans
organiser trefnydd *g*
  adviser ymgynghorydd
organisation and curriculum in small
  rural schools trefniadaeth a
  chwricwlwm ysgolion gwledig
to orienteer cyfeiriannu
origin man cychwyn
  destination cyrchfan *b*; pen siwrne
ornithology adareg *b*
orthopaedic orthopedig *a*
outbuildings tai allan
out-county permit caniatâd (i ddilyn
  cwrs) all-sirol
outdoor awyr agored
  outdoor education centre canolfan
  addysg awyr agored
  outdoor pursuits centre canolfan
  gweithgareddau awyr agored
outfall arllwysfa *b*
  long sea outfall arllwysfa hir i'r môr
outline planning permission caniatâd
  cynllunio amlinellol
outlying area ardal ar y cyrion
out of order
  1. ddim yn gweithio (am beiriant)
  2. allan o drefn (mewn pwyllgor)

out-of-pocket

out-of-pocket expenses mân dreuliau
out of school (activities) gweithgareddau y tu allan i oriau ysgol
out-patient claf allanol
output 1. cynnyrch (ffatri) **2.** all-lif
out-station swyddfa leol
out-turn ffigurau terfynol
overall oferôl *g*
overall responsibilities cyfrifoldebau cyffredinol
overall width o ben i ben; lled cyfan
to overburden gorlwytho
over-crowding gordyrru *be*
overcurrent gorgerrynt *g*

overdraft yn y coch; gorddrafft *g*
overflow car park maes parcio wrth gef
overhead barrier bar uchder
overhead cables gwifrau uwchben
overhead projector uwchdaflunydd
overheads gorbenion
overlay uwchddalen
overloading gorlwytho *be*
overpass pont *b*
overpayment gordalu *be*
overriding eithriadol *a*
overt agored *a*
overtime goramser *g*
owner occupier perchennog preswyl

P

P.E.R. Swyddfa Sicrhau Swyddogion Proffesiynol a Gweithredol
plc ccc; Cwmni Cyhoeddus Cyfyngedig
p.p. ar ran
P.S.A. Swyddfa Gwasanaethau Eiddo
package tour taith becyn
packed lunch pryd pecyn
paddock corlan ceffylau
padlock clo clwt
panel panel *g*
para-medical lled-feddygol; para-feddygol *a*
parcel darn (o dir) *g*
parent rhiant *g*
  Parent Teacher Association Cymdeithas Rieni Athrawon
parental contribution cyfraniad y rhieni
parents consent form ffurflen cydsyniad rhieni
parking meter cloc parcio
parking policies and procedure schemes polisïau parcio a sut i'w gweithredu
parochial church council cyngor plwyfol eglwysig
parole parôl *g*

part exchange rhan-gyfnewid *be*
the partially deaf trwm eu clyw; rhanno fyddar
the partially sighted gwan eu golwg; rhannol ddall
partition pared *g*
  folding partition pared plygu
part time rhan amser
a pass cerdyn teithio
to pass llwyddo (mewn arholiad)
  pass rate cyfartaledd llwyddiant
password trwyddair *g*
pastoral care gofal bugeiliol
patrol warden warden gwylio
paved road stryd balmant
pavement palmant *g*
payload llwyth talu
payments officer swyddog taliadau
payroll gwaith talu cyflogau
pay slip slip cyflog
peak figures ffigurau brig
peak holiday season tymor brig yr ymwelwyr
peak staying visitor numbers nifer yr ymwelwyr oedd yn aros yn anterth y tymor gwyliau

eat bog mawnog *b*

ebble dash cerrig chwipio

edestrian cerddwr *g*

eep hole twll sbecian

elican crossing croesfan belican

enal system system gosbi

ending
1. yn yr arfaeth
2. hyd nes

ension pensiwn *g*

eople's Dispensary for Sick Animals Meddygfa'r Bobl ar gyfer Anifeiliaid Sâl

er (unit) yr (uned)

erceptual canfodiadol *a*

erformance bond bond cwblhau

erformance report adroddiad gwaith

erforming arts y celfyddydau byw

erfunctory ffwrdd-â-hi

eripatetic teithiol *a*

ermanent sefydlog; parhaol *a*

ermanent Under Secretary Is-ysgrifennydd Parhaol

ermit hawlen *b*

ersonnel officer swyddog personél

etty cash mân arian (*arian mân= change*)

etty sessional division rhanbarth ynadol

hased development programme rhaglen o ddatblygiad graddol

hotocopier llun-gopïwr *g*

hysical damage area ardal difrod materol

hysical Recreation Act Deddf Adloniant Corfforol

hysical science gwyddor ffisegol

hysically handicapped dan anfantais corfforol

hysiotherapist ffisiotherapydd *g*

ick-up fan gefn agored

icnic area llecyn picnic

er pier *g*

piggery fferm foch

pigman meichiad *g*

pilot scheme cynllun llywio

pinch point tagfa *b*

place of safety order gorchymyn lle diogel

placement lleoliad *g*

plan cynllun *g*

planned overtime and recruitment incentives goramser cynlluniedig ac ysgogiadau recriwtio

planned programme for implementation rhaglen weithredu gynlluniedig

planning cynllunio *be*
planning assumptions rhagdybiaethau cynllunio
planning liaison cyswllt cynllunio
planning register cofrestr gynllunio
planning and transportation cynllunio a thrafnidiaeth

plant offer
plant engineer peiriannydd offer

plateglass platwydr *g*

platform
1. llwyfan *b*
2. platfform *g* (trên)

play
1. chwarae
2. drama
play area man chwarae
play therapist therapydd chwarae

playfield cae chwarae
playing field maes chwarae

playground iard chwarae; buarth

playpen corlan chwarae

pleasure pleser *g*
at the pleasure of yn ôl dymuniad

plenary powers awdurdod cyflawn

plot llain (o dir) *b*

plunger sugnwr *g*

pocket calculator cyfrifiannell

point of order mater o drefn

points score cynllun pwyntiau
points score range amrediad y cynllun pwyntiau

police

police heddlu *g*

policeman plismon *g*; heddwas *g*

policewoman plismones *b*; heddferch

poll clerk clerc pleidleisio

pollution llygredd *g*

polytechnic politechnig

pony merlyn *g*; merlen *b*
  pony club clwb merlota
  pony track llwybr merlod
  pony trekking merlota

pool cronfa ganolog (o arian)
  typing pool ystafell teipyddion

pool attendant arolygwr pwll nofio

poor rate treth y tlodion

portable equipment offer cludadwy

posed (photograph) llun bwriadus

positive project cynllun pendant

possession perchenogaeth *g*
  in the possession of ym
  mherchenogaeth

postage account cyfrif post

post-entry training hyfforddiant wedi
  penodi

post-graduate course cwrs . . . i
  raddedigion; cwrs ôl-radd

post office telecommunications
  telathrebu'r swyddfa bost

Post Office Users Council for Wales
  Cyngor Defnyddwyr Swyddfa'r Post
  yng Nghymru

post-paid form ffurflen ac amlen barod

potential potensial *g*; posibiliadau

poultry da pluog/ dofednod

poverty trap magl incwm isel

power given under the Act hawl a roddir
  gan y Ddeddf

power station gorsaf drydan

power to act hawl i weithredu

practice arfer *g*
  good practice arfer da

precaution rhagofal *g*
  precautionary period cyfnod
  rhagofal

precept praesept *g*

precinct rhodfa siopa *b*

to predict darogan

prediction rhagamcan *g*

pre-driver instruction hyfforddiant i
  ddarpar yrwyr

pre-emption (hawl) rhagbryniant

prefabricated building adeilad parod

preferred programme dewis raglen

preferred route dewis lwybr

prejudice rhagfarn *b*
  without prejudice heb ragfarn

preliminaries camau cyntaf

preliminary estimate amcangyfrif
  rhagarweiniol

pre-packed mewn pacedi

preparatory training hyfforddiant
  paratoadol

prepared yn barod
  be prepared byddwch yn barod

pre-school playgroup meithrinfa cyn
  ysgol

prescription presgripsiwn *g*

presence
  in the presence of yng ngŵydd

preservation order gorchymyn
  cadwraeth

to preserve
  1. cadw;
  2. diogelu;
  3. cyffeithio (bwyd)

presiding officer swyddog llywyddu

pre-signed cheque siec lofnodedig

to press pwyso

press release datganiad i'r wasg

pressure area ardal dan bwysau

pressure group grŵp ymgyrchu

pre-stressed rhagddiriedig

presumption against rhagdybied
  gwrthod

preventative measure mesur ataliol

The Price Marking (Bargain Offers)
  Order Gorchymyn Nodi Prisiau
  (Bargeinion)

rimary health care team tîm iechyd sylfaenol

rime cost cost uniongyrchol

rincipal . . . pen . . .
principal planning officer pen swyddog cynllunio
chief prif . . .
principal prifathro *g*; pennaeth (er mwyn osgoi rhyw) *g*

rinciple egwyddor
in principle o ran egwyddor

ɔ print
1. argraffu (cyhoeddi)
2. printio (celf)
print room argraffdy *g*

rintout allbrint *g*

riority blaenoriaeth *b*
priority determination pennu blaenoriaethau

rivate call galwad breifat

rivate dedicated woodland coedwig gyflwynedig breifat

rivate open space tir agored preifat

robation and After-care Service Gwasanaeth Prawf ac Ôl-ofal

robationary period cyfnod prawf

robe chwiliwr *g*

roblem families teuluoedd anodd

rocedural motion cynnig trefniadol

rocedure 1. trefn *b*; 2 dull *g*
collective disputes procedure trefn anghydfod cyffredinol
departmental procedures gweithdrefnau
grievance procedure trefn gwyno
promotion procedure trefn ddyrchafu

ɔ proceed mynd rhagddo
to be authorised to proceed immediately awdurdodi i fynd rhagddo ar unwaith

roceedings gweithrediadau

roceeds derbyniadau

roduct of penny rate cynnyrch treth geiniog

roductivity scheme cynllun cynhyrchedd

professional proffesiynol *a*
professional negligence esgeuluster proffesiynol

profile proffil

proforma ffurflen *b*

progress cynnydd *g*

progress report adroddiad gwaith

to prohibit gwahardd

prohibition and restriction of waiting gwahardd a chyfyngu aros

prohibition order gwaharddeb *b*

project
1. prosiect *g*;
2. cywaith *g*

projected figures rhagamcanion

projector taflunydd *g*
overhead projector uwchdaflunydd

promenade rhodfa *b*

promissory note addaweb *b*

promotional literature taflen hyrwyddo

proper
proper officer swyddog priodol
proper performance of his duties llwyr gyflawni ei ddyletswyddau

Property Services Agency Y Swyddfa Gwasanaethau Eiddo

proposed arfaethedig *a*

proposer cynigydd *g*

proposal
1. cynnig *g*
2. cynllun

prosperous ffyniannus *a*

protected area ardal warchod

protective clothing dillad gwarchod

Provident Society Cymdeithas Ddarparol

provincial council cyngor taleithiol

provisional amodol
provisional apportionment darpar gostraniad
provisional assessment asesiad dros dro

provisions bwydydd

proxi procsi *g*

psycho-geriatric

psycho-geriatric assessment unit
uned asesu seico-geriatrig
psychological service gwasanaeth
seicolegol
puberty oed aeddfedrwydd *g*
public cyhoeddus *a*
the public y cyhoedd
public analyst dadansoddwr
cyhoeddus
**Public Bodies (Admission to
Meetings) Act** Deddf Cyrff
Cyhoeddus (Mynediad i Gyfarfodydd)
public consultation pamphlet
pamffledyn ymgynghori â'r cyhoedd
public expenditure gwariant
cyhoeddus
public participation exercise
ymgynghori â'r cyhoedd
Public Passenger Vehicles Act
Deddf Cerbydau Teithwyr Cyhoeddus

public protection services
gwasanaethau diogelu'r cyhoedd
public relations cysylltiadau
cyhoeddus
Public Service Obligation Grant
Grant Dyletswydd Cyhoeddus
public transport revenue support
cymhorthdal cludiant cyhoeddus
public utilities cyfleustodau
cyhoeddus
**Public Utilities and Street Works
Act** Deddf Cyfleustodau Cyhoeddus á
Gwaith Stryd

to pulverise troi'n siwrwd

purpose bwriad *g*
for the purpose of er mwyn

purpose-built provision darpariaeth
bwrpasol

purpose-built vehicle cerbyd pwrpasol

Q

Q.C. Cwnsler y Frenhines
qualification cymhwyster *g*
qualification bar gwahanbwynt *g*
qualified trwyddedig *a* (*nid 'cymwys' sy'n
awgrymu fod eraill yn 'anghymwys'*)
quality ansawdd *g*; safon *b*
quality standards safonau ansawdd
quango cwango *g*
to quantify mesur
quantity surveyor maintfesurydd

quarterly chwarterol *a*
to quash dileu
query ymholiad *g*
questionnaire holiadur *g*
quorum cworwm *g*
quota cwota *g*
electoral quota cyfartaledd
etholaethol
quotation dyfynbris *g*

R

R.A.C. Clwb Moduro Brenhinol
R.N.L.I. Cymdeithas Frenhinol y Badau
Achub
R.S.G. Grant Cymorth i'r Dreth
R.S.P.B. Y Gymdeithas Frenhinol er
Gwarchod Adar
R.U.P.P. Ffordd a Ddefnyddir fel Llwybr
Cyhoeddus
rabies y gynddaredd *b*
radiation ymbelydredd *g*

radiological treatment triniaeth belydrol
Ramblers Association Cymdeithas y
Cerddwyr
ramp ponc (arafu) *b*
range (shooting) maes tanio
rate(s)
1. treth(i) *b*;
2. cyfradd *b*
rate capping ffrwyno trethiant
rate of return cyfradd elw
rate support grant grant cymorth i'r
dreth

ateable value gwerth ardrethol

ratify cadarnhau

ating valuation records cofnodion pennu'r dreth

ard cerdyn dogni

ationing dogni *be*

ady-mixed concrete concrit parod

al terms mewn gwirionedd

bate ad-daliad (rhent) *g*

ceipt derbynneb *b*

ceiver point man derbyn

ception derbynfa *b* (mewn swyddfa etc.)

ceptionist croesawydd *g* (*er mwyn osgoi bod yn rhywiogaethol*)

chargable ad-daladwy

charge ad-daliad *g*
net after recharge net ar ôl priodoli costau

cidivism troi cefn ar driniaeth

ciprocal arrangement trefniant talu'n ôl

clamation scheme cynllun adennill tir

recommend argymell

commendation argymhelliad *g*

reconcile cymodi

reconcile accounts cysoni cyfrifon

connaissance rhagchwilio *be*

cord cofnod *g*
annual record adroddiad blynyddol
record card cerdyn manylion
record office archifdy *g*

corded vote pleidlais gofnodedig

cords management officer swyddog cofnodion diweddar

coupment fees taliadau digolledu

creation adloniant

cruitment subsidy for school leavers cymhorthdal cyflogi ymadawyr ysgol

rectify cywiro

recycle ailgylchu

ed Cross Society Cymdeithas y Groes Goch

re-deployment adleoli *be*

redundancy payment tâl colli swydd

redundant segur *a*

refectory ffreutur *g*

to refer to cyfeirio at

reference
with reference to yn ateb i
reference
1. cyfeiriad *g*;
2. cyfeirnod *g* (ar lythyr)
3. geirda *g*; tystlythyr *g* (wrth geisio am swydd)
reference book cyfeirlyfr *g*
reference library llyfrgell ymchwil

referral(s) cyfeireb(au) *b*
referral card cyfeireb *b*
initial referral card cerdyn sylw cyntaf
referral pattern patrwm cyfeirio
referral system system gyfeirio

refinery purfa *b*

reflector adlewyrchydd *g*
reflector studs botymau adlewyrchu

refractor gwrthdorrwr *g*

refresher course cwrs gloywi

refrigerator oergell *b*
deep freeze rhewgell *b*

refuge noddfa *b*

to refund ad-dalu

to refurbish ailddodrefnu

refuse sbwriel *g*
refuse collection casglu sbwriel
refuse disposal cael gwared â sbwriel
refuse receptacles biniau sbwriel

regatta ras gychod hwylio

regeneration adfywio *be*

regional 1. rhanbarthol (area) 2. taleithiol
regional policy polisi rhanbarthol

register cofrestr *b*

registered cofrestredig *a*
registered handicapped persons pobl fethedig gofrestredig
registered nurse for the mentally sub-normal nyrs gofrestredig i'r isnormal eu meddwl

registration fee

registration fee tâl cofrestru

registry cofrestrfa b

to regrade ailraddio (swydd)

regression formula ôl-fformiwla b

regular daily attendance mynychu bob dydd yn gyson

regulation rheoliad g

to rehabilitate
1. adsefydlu
2. ymaddasu

rehabilitation ymaddasiad g

Rehabilitation of Offenders Act Deddf Ymaddasiad Troseddwyr

rehabilitative facilities cyfleusterau adsefydlu

rehabilitative hostel hostel adsefydlu

to reimburse ad-dalu

reimbursement ad-daliad g

reinstatement adferiad g

re-investment ailfuddsoddi be

relating to yn cyfeirio at

relative to o'i g(ch)ymharu â

relatively unused areas ardaloedd cymharol ddiddefnydd

relay transmitter isdrosglwyddydd g

relevance perthnasedd g

relevant development datblygiad perthnasol

relief
interest relief gostyngiad llog
relief drawing llun tirwedd
relief of poverty lliniaru tlodi
relief printing gwrym-brintio
relief road ffordd liniaru
relief staff staff rhyddhau

religious observance gwasanaeth crefyddol

remand ar remand a
remand centre canolfan gadw
remand placements cartrefu troseddwyr Ifainc

to remand remandio

remedial adferol

Remembrance Sunday Sul y Cofio

reminder nodyn atgoffa

remission rhyddhau be

remittance taliad g

to remodel ailwampio

remote control pellreoli be

removal expenses costau symud tŷ

removal and settling-in expenses costau symud tŷ ac ailgartrefu

renewals fund cronfa atgyweirio

rent rhent g
controlled rent rhent sefydlog
regulated rent rhent ystwyth
rent guarantee gwarant rhent

rented accommodation lle ar rent

reorganisation (of Local Government) ad-drefnu Llywodraeth Leol

to repair atgyweirio

repairer atgyweiriwr g

to re-phase aildrefnu

to replace amnewid (ond defnyddiwch adnewyddu pan fo'n bosibl)

representations sylwadau
to make representations erfyn; ymbil
representations to the governmen sylwadau i'r llywodraeth

reproduction furniture dodrefn dynwared

reprography atgraffiaeth b

request stop arhosfan ar gais

requisition for information gofyniad ar wybodaeth

relief road ffordd liniaru
inner relief road ffordd liniaru fewn

requisition order gorchymyn meddiann

resale price maintenance cynnal pris adwerth

to rescind diddymu

research and development officer swyddog ymchwil a datblygu

reservation amod g
with reservations gydag amodau

reserved ar gadw
reserved matters materion a gedw yn ôl

reserved parking place lle cadw
reserved powers hawliau wrth gefn
re-set ailosod
resettle ailsefydlu
sident preswyliwr *g* (preswylwyr;
trigolion)
resident engineer peiriannydd safle
resident staff staff preswyl
sidential care officer swyddog gofal
preswyl
sidential child care officer swyddog
preswyl gofal plant
sidential period cyfnod preswyl
sidual costs costau sy'n weddill
siduary gweddill *g*
resign ymddiswyddo
to sack diswyddo
sistance gwrthsafiad *g*
sort
holiday resort tref wyliau
source adnodd *g*
resource committee pwyllgor
adnoddau
spite care gofal seibiant
strictive covenant cyfamod cyfyngu
retail mân-werthu
tained fireman diffoddwr wrth gefn
tained matter mater a gedwir yn ôl
taining fee tâl cadw
taining wall wal gynnal
tarded araf *a*
retire ymddeol
tirement ymddeoliad *g*
early ymddeoliad cynnar
involuntary ymddeoliad o anfodd
voluntary ymddeoliad o wirfodd
irement pension pensiwn ymddeol
iring room ystafell ymneilltuo
reads teiars wedi'u hailnaddu
retrieve adennill
rospective ôl-weithredol *a*
retrospective planning permission
ôl-ganiatâd cynllunio

retrospective computerisation ôl-
gyfrifiaduro
return elw *g* (financial)
return fare tocyn dwyffordd
tax return ffurflen y Dreth Incwm
returning officer swyddog canlyniadau
presiding officer swyddog llywyddu
poll clerks clercod pleidleisio
revenue refeniw *g*
revenue consequences canlyniadau
refeniw
a review adolygiad *g*
to review adolygu
keep under review cadw golwg
cyson
review committee pwyllgor adolygu
revised estimate amcangyfrif diwygiedig
revised salary scales graddfeydd cyflog
newydd
revocation
revocation of instrument of
management date dirymu dyddiad
offeryn rheoli
revocation order gorchymyn dirymu
to revoke dirymu
rheumatoid arthritis arthritis cryd-
cymalog
ribbon development datblygu stribedog
rider atodiad *g*
riding for the disabled merlota'r
methedig
riding school ysgol farchogaeth
rig llwyfan (olew) *b*
right of reply hawl i ateb
right of way llwybr *g* (*yn aml*) hawl
tramwyo
ring fence cylch caeedig
ring road ffordd gylch
riparian
riparian owners perchenogion y
glannau
riparian rights hawliau ar y glannau
risk perygl *g*
at risk mewn perygl
at your own risk eich cyfrifoldeb chi
fydd . . .

road

road ffordd *b*
  access road ffordd fynediad
  connecting road ffordd gysylltu
  county road ffordd sirol
  distributor road ffordd ddosbarthu
  dual carriageway ffordd ddeuol
  exit road ffordd allan
  link road ffordd gyswllt
  relief road ffordd liniaru
  side road ffordd ymyl
  slip road ffordd ymuno
  trunk road cefnffordd
  unclassified road ffordd
  ddiddosbarth

road embankment arglawdd *g*

road marks marciau ffordd

road safety diogelwch y ffyrdd

road system rhwydwaith ffyrdd

Road Traffic Act Deddf Traffig y Ffyrdd

Road Traffic Regulation Act Deddf
Rheoli Traffig y Ffyrdd

Road Used as a Public Path Ffordd a
Ddefnyddir fel Llwybr Cyhoeddus

road works gwaith ffordd
  road works ahead Gwyliwch! Gwaith
  Ffordd

robot robot *g*

rockslip creigiau'n llithro

role rôl *b*; swyddogaeth *b*

roll (school) nifer y disgyblion

roll over treigl (ariannol)

to roller skate sglefrholio

roller towels llieiniau rhowler

rolling programme rhaglen dreigl

Roman Catholic Aided Primary School
Ysgol Gynradd Gatholig Noddedig

rotation
  in rotation yn ei dro/thro/eu tro

to round off talgrynnu (arian)

roundabout cylchfan *b*

route llwybr *g*

Royal Automobile Club Clwb Moduro
Brenhinol

Royal National Lifeboat Institution
Cymdeithas Genedlaethol Frenhinol
Badau Achub

Royal Society for the Protection of
Birds Y Gymdeithas Frenhinol er
Gwarchod Adar

Royal Welsh Agricultural Society Ltd.
Cymdeithas Amaethyddol Frenhinol
Cymru Cyf.

rules of management rheolau llywio

to run (a shop) cadw

runners-up is-bencampwyr; ail orau

runway llwybr glanio

rural gwledig *a*
  Rural Council Cyngor Gwlad
  rural derestricted road ffordd wled
  ddiwaharddedig
  rural isolation unigedd gwledig
  rural land use management
  rheolaeth defnydd tir gwledig
  rural science gwyddor gwlad

S

S.A.C.R.E. Cyngor Ymgynghorol
Sefydlog ar Addysg Grefyddol

S.A.E. amlen barod

S.E.N. nyrs restredig

S.R.N. nyrs gofrestredig

S.S.A. Asesiad Gwariant Safonol

safe load carrying capacity llwyth
diogel

safeguard plans cynlluniau wrth gefn

safety belt gwregys gyrru

safety pin pìn cau

sailboard bwrdd hwylio

sailboarding hwylfyrddio *be*

salary cyflog *g*

sale
  1. gwerthiant *g*;
  2. arwerthiant *g*

sales tax treth gwerthiant

to salvage achub defnyddiau; arbed
nwyddau

sample nifer dethol

sampling course cwrs enghreifftiol

sandwich course rhyng-gwrs *g*

sanitation iachlendid *g*

sanitation and environmental health iachlendid ac iechyd yr amgylchedd

sash window ffenestr gortyn

satellite dish dysgl loeren

satisfaction
to the satisfaction of the Council yn ôl gofynion y Cyngor

scale graddfa *b*
not to scale dim graddfa benodol

scaled post swydd raddedig

scarify rhychu

schedule 1. atodlen *b* (i ddeddf)
2. rhestr *b*

scheduled flight taith amserlen

scheduled service gwasanaeth amserlen

scheme of conditions of service cynllun amodau gwaith

scholarship ysgoloriaeth *b*

school ysgol *b*
Anglican aided school ysgol Anglicanaidd noddedig
controlled primary school ysgol gynradd reoledig
Roman Catholic aided school Ysgol Gatholig noddedig

school building programme rhaglen adeiladu ysgolion

school crossing patrol gwyliwr croesfan ysgol; hebryngwr

school governor llywodraethwr ysgol

school inspection arolygu ysgol

school meals organiser trefnydd prydau ysgolion

school medical officer swyddog meddygol yr ysgolion

school transport cludiant ysgol

schools liaison officer swyddog cyswllt ysgolion

scouts sgowtiaid

scrutineer arsyllwr *g*

scrutiny committee pwyllgor manylu

sea borne rescue craft bad achub

seal sêl *b* (swyddogol)

search chwiliad *g*

season tymor
season ticket tocyn tymor

second ail
second home ail gartref

to second[1] eilio (cynnig)

to second[2] secondio (i swydd)

secondary school ysgol uwchradd (*nid* eilradd)

secondment secondiad *g*

seconds dillad bron yn berffaith

secretariat ysgrifenyddiaeth *b*

Secretary of State for the Environment Yr Ysgrifennydd Gwladol dros yr Amgylchedd

Secretary of State for Wales Ysgrifennydd Gwladol Cymru

section 1. adran *b* (o ddeddf) 2. adain *b* (o fewn adran)
sub-section is-adain

sector sector *g*
private sector sector preifat
public sector sector cyhoeddus

secure accommodation cartref caeth

secure tenant tenant diogel

securities gwarannau (y Llywodraeth)

security diogelu rhag drwgweithredwyr; gwyliadwriaeth
security of tenure sicrwydd daliadaeth
security precautions rhagofalon gwyliadwriaeth

select committee pwyllgor dethol

selection committee pwyllgor dewis

selective tendering tendro detholedig

self-assembly furniture dodrefn i'w cydosod

self-catering hunanarlwy
self-catering accommodation lletty hunanarlwy

self-closing

self-closing device dyfais cau ohono'i hun

self-contained ymgynhwysol *a*

self-employed hunangyflogedig

self guided trail llwybr canllaw

self help scheme cynllun hunan gymorth

self help scheme gwasanaeth helpu'ch hunan

self service hunanwasanaeth

self supportive study astudio ar eich pen eich hun

semi-skilled lled-grefftus

senior uwch *a*
    senior engineer uwch beiriannydd
    senior assistant engineer uwch beiriannydd cynorthwyol

sensitive sensitif a

septic tank tanc septig

to serve codi (bwyd)
    to serve on a committee bod yn aelod o bwyllgor

service allowance lwfans gwasanaeth

service charge tâl gwasanaeth

service conditions amodau gwaith

service hatch ffenestr fwyd

service industries diwydiannau gweini

serviced accommodation llety â gwasanaeth

session sesiwn *g*

to set out amlinellu; disgrifio; nodi

settled i'w setlo

settlement cyfannedd *g*

settling in expenses costau setlo

settling in period cyfnod ymgyfarwyddo

severance scheme cynllun terfynu cyflogaeth

severe mental handicap anfantais feddyliol ddifrifol

severely sub-normal difrifol is-normal

sewage disposal gwaredu carthion

sewage treatment plant purfa garthion

sewerage carthffosiaeth *b*

Sex Discrimination Act Deddf Gwahaniaethu ar Sail Rhyw

sexual harassment ymyrraeth rywiol

shadow organisation darpar-fudiad *g*

shall rhaid (ystyr gyfreithiol)

shared text retrieval cydfynediad at destun

sheep scab clafr defaid

shelter lloches *b*

shelter belt cysgodfan *b*

sheltered housing tai gwarchod

sheltered workshop gweithdy gwarchod

sheriff siryf *g*
    high sheriff uchel siryf

shift shifft *b*; stem *b*

shop siop *b*
    fascia wyneb
    front blaen

shop-soiled ag ôl traul

shop steward stiward undeb

shoreline pen ucha'r traeth

short cut llwybr tarw; llwybr llygad

shortened course cwrs cwta

shortfall diffyg (ariannol) *g*

shorthand typist teipydd llaw fer

short-stay hostel hostel cyfnod byr

short term care gofal tymor byr

short term family relief scheme cynllun seibiant i deuluoedd

shovel rhaw *b*

to show dangos
    a show of hands codi dwylo

shuttle service gwasanaeth gwennol

sick benefit budd-dâl gwaeledd

sick pay tâl gwaeledd

sick pay allowance lwfans gwaeledd

side ochr
    off side ochr y gyrrwr (car)
    on side ochr y clawdd

side entrance mynedfa ochr *b*

sidings seidins (rheilffordd)

a sign arwydd *g*
    sign language iaith ddwylo

sign llofnodi

∎nal box caban arwyddion
traffic signals goleuadau traffig

∎ning out book llyfr arwyddo allan

∎npost mynegbost g, arwydd g

∎ncer tawelydd g

∎k screen printing argraffu llen sidan

∎nulation exercise ymarfer sefyllfa

∎gle and dual carriageway ffordd
unffrwd a deuffrwd

∎gle file traffic un ffrwd yn unig

∎gle track road with passing places
ffordd gul â mannau pasio

∎e safle g
caravan site maes carafannau
site frontage blaen y safle
site of special scientific interest
safle o ddiddordeb gwyddonol
arbennig

∎ter in service gwasanaeth gwarchod

∎kateboard bwrdd sglefrio

∎skateboard sglefrfyrddio

∎leton service sgerbwd o wasanaeth

∎sketch braslunio

∎tch plan brasgynllun g

∎ski sgio
ski slope llethr sgio
to water ski sgio dŵr

∎skid sgidio
skid resistance gallu i wrthsefyll
sgidio

∎l centre canolfan fedrau

∎kip sgip g

∎te tip tomen lechi

∎lide
1. llithren b (maes chwarae)
2. sleid g (llun)

∎ling scale graddfa symudol

∎page llithriad g (cyllid)

∎way llithrfa b

∎pe gogwydd (to) g

∎w learning araf yn dysgu

∎all claims court llys mân hawliadau

small establishments loan fund
scheme cynllun cronfa fenthyciadau i
sefydliadau bychain

small firms employment subsidy
cymhorthdal cyflogi i gwmnïau bychain

small schools with three teachers or
less ysgolion tri athro a llai

smallholding tyddyn g

smallholdings estate stad fân-ddaliadau

smoke detector synhwyrydd mwg

smoked wedi cochi

snack bar lle panaid a thamaid

snow plough swch eira

social contract cytundeb cymdeithasol

social isolation arwahanrwydd
cymdeithasol

social priority schools ysgolion
blaenoriaeth gymdeithasol

social security nawdd cymdeithasol

social worker gweithiwr cymdeithasol
approved cydnabyddedig

socially deprived areas ardaloedd
cymdeithasol amddifad

Society of County Treasurers
Cymdeithas y Trysoryddion Sir

socio-economic advisor for Wales
ymgynghorydd cymdeithasol
economaidd Cymru

soft toy tegan anwes

software meddalwedd (cyfrifiadur)

soils engineer peiriannydd pridd

sole vending right unig hawl gwerthu

solicitor cyfreithiwr g, twrnai g
lawyer cyfreithydd g

source ffynhonnell b

spade pâl g

spastic sbastig a

speaker
1. seinydd g (dyfais)
2. siaradwr

special arbennig a
special aptitude allowance lwfans
gallu arbennig
special responsibility allowance
lwfans am gyfrifoldeb arbennig

specialist

special review adolygiad arbennig

special temporary employment programme rhaglen arbennig cyflogi dros-dro

specialist accommodation and care darpariaeth a gofal arbenigol

specialist child care unit uned arbenigol gofal plant

specialist in community medicine arbenigwr mewn meddygaeth gymunedol

specific disability anabledd neilltuol

specification manyleb *b*

speech lleferydd *g*
  speech and drama drama a llefaru
  speech therapy therapi lleferydd

a speech araith *b*

speed limit cyfyngiad cyflymder

spent conviction trosedd dreuliedig

spinal column
  1. asgwrn cefn
  2. colofn gyflogau

spirit (petroleum) gwirod (petroliwm) *g*

split level aml-lefel *a*

split site school ysgol fwy nag un safle

split village pentref rhanedig

sponge cake teisen felen

sponsored students myfyrwyr noddedig

sponsorship nawdd *g*

sporadic development datblygiad hwnt ac yma

sport and recreation chwaraeon ac adloniant

sporting rights hawliau hela

Sports Council for Wales Cyngor Chwaraeon Cymru

sports ground maes chwaraeon
  play area man chwarae

sprawl gorlifiad *g*

spread sheet taenlen *b*

spring cleaning glanhau tymhorol

sprinter (train) gwibiwr

squash court cwrt sboncen

St. John's Ambulance Brigade Brigâd Ambiwlans Sant Ioan

to stabilise sefydlogi

to stack stacio

stadium stadiwm *g*

staff staff *g*

staff guides and manuals cyfarwyddiadau a llawlyfrau staff

staffing ratio cymhareb staffio

stage carriage bus bws rheolaidd

stage carriage services gwasanaethau cyffredin
  non-stage carriage services gwasanaethau llog

stained glass window ffenestr liw

stamped addressed envelope amlen barod

standard safonol *a*
  standard man days dyn-ddyddiau safonol
  standard pay tâl safonol
  standard verges ymylon ffyrdd safonol

a standard safon *b*

standardiser safonwr *g*

stand-by/call out scheme cynllun aros galwad/galw allan

stand-by duty allowance lwfans aros galwad

stand-by headquarters pencadlys wrthgefn

standing committee pwyllgor sefydlog

standing orders rheolau sefydlog
  suspension of standing orders rh heibio rheolau sefydlog

standing sign arwydd ar bostyn

standing stone maen hir

standstill basis sail sefyll-yn-stond
  standstill budget cyllideb sefyll-yn-stond

stapler styfflwr *g*

starts phase projects prosiectau'r cyfnod dechrau
  design phase projects prosiectau' cyfnod dylunio
  feasibility phase projects prosiectau'r cyfnod ymchwilio

atement datganiad *g*
  statement of income cyfriflen *b*
atic caravan carafán sefydlog
  static caravan site maes carafannau sefydlog
atistical analysis dadansoddiad ystadegol
atistics ystadegau
atutory statudol *a*
eep gradient rhiw serth
epping stones cerrig camu
cker glynyn *g* (glynion)
le camfa *b*; sticil *b*
ock da byw
  stock rearing magu da byw
ock-proof fence ffens dal anifeiliaid
op notice rhybudd atal
op watch atalwats
orekeeper ceidwad stôr
rategic strategol
rategy strategaeth *b*
reet furniture celfi stryd
reet lighting goleuo ffyrdd
retcher cludwely
rictly forbidden llwyr waherddir
uctural maintenance cynnal adeiladwaith
ucture plan cynllun fframwaith
udent teacher myfyriwr ymarfer dysgu
udentship efrydiaeth *b*
udy leave seibiant astudio
b is
b-aqua diving nofio tanddwr
b-base is-sylfaen
b-committee is-bwyllgor
b-divisional headquarters pencadlys is-ranbarthol
bgrade is-radd *b*
bject pwnc *g*
  basic subject pwnc seiliol
  core subject pwnc craidd
  foundation subject pwnc sylfaenol
bject of personal data gwrthrych data personol

subject plan cynllun pwnc
subject to yn amodol ar
submission cyflwyniad *g*
sub-regional is-daleithiol; is-ranbarthol
subsidiary course cwrs atodol
subsidy cymhorthdal
subsistence cynhaliaeth
  subsistence economy economi elfennol
sub-standard is-safonol
substantive motion cynnig terfynol
to substitute amnewid
substitute families dirprwy deuluoedd
substitute member aelod wrth gefn
substitute parents rhieni gofal
suction sweeper sgubell sugno *b*
to sue dwyn achos . . . yn erbyn
summary report adroddiad cryno
summary table tabl cryno
summer house hafdy *g*
  holiday home tŷ haf
to summon gwysio
a summons gwŷs *b*
superannuable pensiynadwy *a*
superannuation blwydd-dâl/oed-dâl *g*; pensiwn *g*
superintendent uwch-arolygydd *g* (heddlu)
  chief superintendent prif uwch-arolygydd
supernumary student myfyriwr ychwanegol
to supersede disodli
superstore siop fawr
  hypermarket archfarchnad *b*
  supermarket uwchfarchnad
superstructure cragen (adeilad) *b*
supervision order gorchymyn arolygu
supplementary atodol *a*
  allowance lwfans atodol
  benefit budd-dâl atodol
  block grant grant crynswth atodol
  pension pensiwn atodol
  vote pleidlais atodol

supply

a supply cyflenwad *g*
to supply cyflenwi
   supply base canolfan gyflenwi
   supply cut-out blwch torri cyflenwad
   supply teacher athro cyflenwi/llanw;
   athrawes gyflenwi/lanw
a support cynheiliad *g*
support services gwasanaethau wrth
   gefn/cynnal
surcharge gordreth *b*
to surf brigo tonnau
surgery
   1. meddygfa *b* (meddygol)
   2. cymhorthfa *b* (Aelod Seneddol etc.)
surplus gwarged *g*
surplus to requirements nad oes mo'i
   (h)angen bellach
survey arolwg
   sample survey arolwg enghreifftiol
surveyor syrfëwr *g*
to survive goroesi
to suspend 1. rhoi heibio (rheolau
   sefydlog) 2. atal (gweithiwr, plentyn
   ysgol etc.)
suspense account cyfrif wrth law

suspension crogiant (car) *g*
sustainability cynaladwyaeth *g*
to sweep ysgubo
sweeping ysgubol *a*
a swing siglen *b*
to swing pendilio
to switch trosglwyddo (adnoddau)
switchboard switsfwrdd *g*
syllabus maes llafur
sympathetic consideration ystyriaeth
   ofalus
symposium cynhadledd *b*
syndicates cyd-berchenogion
syringe chwistrell *b*
system
   1. system *b*
   2. cyfundrefn *b*
   systems analyst dadansoddwr
   systemau
   systems engineering peirianneg
   systemau
   systems programmer rhaglennydd
   systemau

T

T.A.P. Gwasanaeth Gwybodaeth
   Hyfforddiant
T.A.V.R. Y Fyddin Gartref Wirfoddol
T.E.C. Cyngor Hyfforddiant a Menter
T.G.W.U. Undeb y Gweithwyr Trafnidiol a
   Chyffredinol
T.I.P. Man Gwybodaeth i Ymwelwyr
T.P.P. Polisïau a Rhaglen Drafnidiaeth
T.S.G. Grant Atodol Trafnidiaeth
tactile cyffyrddol *a*
take away meal pryd parod
take place cynnal; digwydd (*ond nid*
   cymryd lle)
talking book llyfr llafar
talking timetable amserlen lafar
tape relay centre canolfan gyd-gyfnewid
   tapiau

task centred practice ymarfer yn ôl
   tasgau
tax treth *b*
   council tax treth y cyngor
   income tax treth incwm
taxation trethiant *g*
tea te *g*
   tea break egwyl de; tegwyl
   tea lady morwyn de
   tea room parlwr te
teacher-pupil ratio cymhareb athro-
   disgybl
technical administration gweinyddu
   technegol
technical drawing lluniadu technegol
technician engineer technegydd
   beiriannydd
tele-communications telathrebu

ele-commuting telegymudo

elemetering telefesuro

telephone ffôn *g*; teleffon *g*

o telephone ffonio

elephone exchange cyfnewidfa deleffon

elephone operator cysylltydd teleffon

elephone preference scheme cynllun blaenoriaeth teleffonau

elesoftware meddalwedd teledu

eletext teletestun *g*

eller rhifwr *g*

emporary dros dro

ender
1. tendar (injan dân)*g*
2. tendr (ariannol) *g*
to accept derbyn tendr
negotiated tender tendr drwy drefniant
to receive a tender cael tendr
serial tender tendr cyfresol
two stage tender tendr dau gam

endering
competitive tendering tendro cystadleuol
open tendering tendro agored
selective tendering tendro detholedig
serial tendering tendro cyfresol

nnis tennis *g*
tennis court cwrt tennis

nt site maes pebyll

rm¹ tymor *g*
term of office cyfnod gwasanaeth

rm² term *g*; amod *g*
Local Government terms termau/amodau Llywodraeth Leol
terms of reference maes llafur; cylch gorchwyl

rminal
1. terfynfa (rheilffordd) *b*
2. terfynell (trydanol) *b*

rminal illness salwch angheuol

rrier (estates) cofrestr stadau

rritorial Army Y Fyddin Diriogaethol

rtiary trydyddol *a*

test profi

testimonial tystlythyr *g*

textbook gwerslyfr

texture arwead *g*

therapeutic treatment hostel hostel triniaeth therapiwtig

therapist therapydd *g*

three-piece suite seddau tridarn

threshold payment tâl trothwy

through road ffordd drwodd

through traffic traffig trwodd

through train trên trwodd

tidal wave system system llanw a thrai

tied cottage tŷ clwm

Timber Growers Association Cymdeithas y Tyfwyr Coed

Timber Growers Organisation Ltd Sefydliad y Tyfwyr Coed Cyf.

timber operations gwaith coed

timekeeper amserwr *g*

time-share cyfnod-rannu *be*

time-sheet taflen waith *b*; taflen amser *b*

timetable amserlen

tip tomen *b*
tip reclamation scheme cynllun tirweddu tomen

toddler plentyn bach

toilet toiled *g*

token payment tâl cydnabod

to tolerate goddef

toll toll *b*
toll house tyrpeg *g*; tolldy *g*
toll road tollffordd *b*

tollgate tollborth *g*

tonne tunnell fetrig

tools taclau; arfau; offer

topic report adroddiad pwnc

topography topograffi *g*

touch typing teipio cyffwrdd

tourism council cyngor croeso

tourism opportunity area ardal annog twristiaeth

tourist information centre canolfan croeso

tourist information point

tourist information point man gwybodaeth i ymwelwyr

townscape trefwedd *b*

towpath llwybr tynnu

toxic gwenwynig *a*
toxic substance sylwedd gwenwynig

toxicological tocsicolegol *a*

track
1. llwybr *g*
2. trac *g*

trade masnach *b*
Trade Association Cymdeithas Crefftau Busnes
Trades Union Congress Cyngres yr Undebau Llafur
Trades Union & Labour Relations Act Deddf Undebau Llafur a Chysylltiadau Gwaith

Trades Council Cyngor Undebau

Trades Description Act Deddf Disgrifiadau Masnach

trading account cyfrifon masnachu

trading standards safonau masnach

traffic traffig
traffic cone het wrach; côn cyfeirio
traffic flow llif traffig
traffic jam tagfa *b*
Traffic Regulation Act Deddf Rheoli Traffig
Traffic Regulation Order Gorchymyn Rheoli Traffig
traffic signals goleuadau traffig

trainee dan hyfforddiant
trainee typist teipydd dan hyfforddiant

a trainee hyfforddai *g*

training hyfforddi *be*
training agency asiantaeth hyfforddi
training board bwrdd hyfforddi
Training and Enterprise Council Cyngor Hyfforddiant a Menter
Training, Enterprises and Education Directorate Bwrdd Cyfarwyddwyr Hyfforddiant, Menter ac Addysg
training for jobs hyfforddiant at waith
training officer swyddog hyfforddiant

training opportunities scheme cynllun cyfle i hyfforddi
training services agency swyddfa'r gwasanaethau hyfforddi

tramway tramffordd *b*

transceiver trawsdderbynnydd *g*

a transfer arysgrifen *b* (*llun neu brint*)

to transfer trosglwyddo
transfer order gorchymyn trosglwyddo

transformer trawsnewidydd

transit accommodation llety trosglwydd

transit site safle torri taith

to translate cyfieithu
simultaneous translation cyfieithu a y pryd

translator cyfieithydd *g*

transmission trawsyriant *g* (car)
transmission components darnau trawsyriant

transmitter trosglwyddydd *g*

transparency tryloywder *g*

transport cludiant *g*
Transport Act Deddf Drafnidiaeth **(extension of eligibility for travel concessions)** (ymestyn dilysrwydd a gyfer manteision teithiol)
Transport and General Workers Union Undeb y Gweithwyr Trafnidiol Chyffredinol
Transport Policies & Programmes Polisïau a Rhaglen Drafnidiaeth
Transport Supplementary Grant Grant Atodol Trafnidiaeth
Transport Users Consultative Council Cyngor Ymgynghorol Defnyddwyr Trafnidiaeth

to transport alltudio (am *dorri'r gyfraith*)

transporters trawsgludwyr

traumatic dirdynnol *a*

travelling exhibition arddangosfa deith

travelling expenses costau teithio

to trawl treillio

treat notice rhybudd trafod telerau

Treaty of Rome Cytundeb Rhufain

ee Preservation Order Gorchymyn
Gwarchod Coed (*nid* diogelu)

ekking centre canolfan ferlota

ench ffos *b*

ial bore holes tyllau arbrofol

ial project cynllun arbrofol; arbrawf

ials
sheepdog trials treialon cŵn defaid;
rasys cŵn defaid

iangulation pillar piler triongli

ibunal tribiwnlys *g*

icycle beic tair olwyn

ip gwibdaith *b*

uancy triwantiaeth *g*

unk road cefnffordd *b*

unk road routine maintenance
management system system rheoli
gwaith cynnal arferol ar gefnffyrdd

to trunk tryncio
trunk calls galwadau trync

trust ymddiriedaeth *b*
trust deed gweithred ymddiriedaeth

a trust ymddiriedolaeth *b*
trust fund cronfa ymddiriedolaeth

tuition hyfforddiant *g*

turning lane ffrwd droi

turnout and attendance gadael yr orsaf
a chyrraedd tanau

turnover trosiant *g*

turntable ladder ysgol droelli

twin town gefeilltref *b*

typing pool ystafell teipyddion

typist teipydd *g*
audio typist clywdeipydd
copy typist copideipydd
shorthand typist teipydd llawfer

U

.H.F. amledd uchaf un

.K. Y Deyrnas Gyfunol

.N.E.S.C.O. Sefydliad Addysgol,
Gwyddonol a Diwylliannol y
Cenhedloedd Unedig

tra-high frequency amledd uchaf un

aanimous unfrydol *a*

aauthorised
unauthorised absence absenoldeb
heb ganiatâd
unauthorised route ffordd
anghydnabyddedig
unauthorised sign arwydd
diawdurdod

aavoidably stringent settlement
cytundeb llym anochel

abroken (llinell) ddifwlch *a*

abudgeted na ddarparwyd ar ei gyfer
yn yr amcangyfrifon

aclassified road ffordd ddiddosbarth

adelivered
if undelivered return to oni
chyrhaedda, dychweler i . . .

under-achievement is-gyrhaeddiad

to underestimate
1. tanbrisio
2. heb lawn werthfawrogi

underpass tanffordd *b* (tanffyrdd)

to underpin atgyfnerthu

an underspend tanwariant *g*

to undertake ymrwymo

undertaker ymgymerwr *g*

an undertaking ymrwymiad *g*

to underwrite tanysgrifennu
(*tanysgrifio = to subscribe*)

undifferentiated rate treth
ddiwahaniaeth

unearned income incwm heblaw cyflog

unemployability supplementation
atodiad methu gweithio

unemployment benefit budd-dâl
diweithdra

unified vocational preparation paratoad
unol ar gyfer galwedigaeth

unfit anaddas; anghymwys *a*

57

uniform unffurf *a*

a uniform
1. lifrai *g*
2. gwisg swyddogol *b*

Union of Shop and Distributive and Allied Workers Undeb y Gweithwyr Siop, Dosbarthwyr a Gweithwyr Cysylltiedig

unit uned *b*
essential unit uned anhepgor
optional unit uned ddewisol

unit workshop gweithdy *g*

unitary authority awdurdod unedig

United Kingdom Y Deyrnas Gyfunol

United Nations Educational, Scientific and Cultural Organisation Sefydliad Addysgol, Gwyddonol a Diwylliannol y Cenhedloedd Unedig

unobtrusive anymwthiol *a*

unopposed order gorchymyn diwrthwynebiad

unsafe
1. peryglus
2. anniogel

Unsolicited Goods and Services Acts Deddfau Nwyddau a Gwasanaethau nad Archebwyd

unstable ansad; simsan *a*

unsuitable anaddas *a*

unsympathetic anghydnaws *a*

to update diweddaru

to upgrade uwchraddio

upholstered furniture dodrefn clustogaidd

upland area ucheldir

urban trefol *a*
urban aid cymorth trefol
urban conservation cadwraeth dref∉
urban environmental improvement gwella'r amgylchedd trefol
urban fringes cyrion trefi
urban programme rhaglen drefol
urban sprawl gwasgar trefol

urgency
as a matter of urgency ar fyrder

utilities
the public utilities y cyfleustodau

utility cyfleustod *g*

V

V.A.T. Treth ar Werth

V.D.U. sgrin *b*

V.H.F. Amledd Uchel Iawn

vacancy
1. man aros gwag (gwyliau)
2. swydd wag

vacant possession meddiant gwag

to vaccinate brechu

vaccination brechiad *g*

vaccuum packing pacio dan faciwm

valid dilys *a*

to validate
1. cyfreithloni
2. dilysu

valuer prisiwr

Value Added Tax Treth ar Werth T.A.W.

value for money audits archwiliad gwerth y pres/yr arian

valve falf *b*

vanguard area ardal flaengar

vapour tarth (fflamychol) *g*

variable manning oriau cyfnewidiol

variation order gorchymyn amrywio

vehicle excise duty treth modur

vehicular access mynedfa i gerbydau

vending machine peiriant gwerthu

venetian blinds llenni dellt

venue man cyfarfod

verbal geiriol *a*

verbatim recording cofnod gair am air

verge glaswellt *g*

to verify dilysu

ertical fertigol *a*

ery High Frequency Amledd Uchel lawn

vest breinio

ested interest diddordeb manteisiol

eto feto *g*

iable talu ffordd

iaduct traphont *b*

ice . . . 1. is . . .
vice-chairperson is-gadeirydd

icious circle cylch abred

ideo fideo

iewdata System System Gweldata

iewfinder cyfeiriwr *g*

illage conservation area ardal cadwraeth bentrefol

illage hall neuadd bentref

irement trosglwyddiad *g*

isibility splay llain gwelededd

ision golwg *g*
central vision golwg canolog
distance vision golwg pell
near vision golwg agos

visit ymweliad *g*

visit ymweld â

sitor days dyddiau ymweld

visitor nights noswaith aros

visitor reception centre canolfan groesawu ymwelwyr

visual gweledol *a*
visual aid cymorth gweledol
visual amenity harddwch (*nid* mwynder gweledol)
visual arts celfyddydau gweledol
visual clutter blerwch i'r llygad
visual impact effaith weladwy
visual impairement nam ar y golwg

vocational galwedigaethol
non-vocational analwedigaethol

volume maint (y traffig)

voluntary aid societies cymdeithasau nawdd gwirfoddol

Voluntary Aided School Ysgol Wirfoddol Gymorthedig

Voluntary Controlled School Ysgol Wirfoddol Reoledig

voluntary task group grŵp gwaith gwirfoddol

volunteer mobilisation fund cynllun gwirfoddolwyr

a vote pleidlais *b*
put to the vote pleidleisio ar y mater
recorded vote pleidlais gofnodedig
supplementary vote pleidlais atodol

voucher gwarant *g*

W

.D.A. Awdurdod Datblygu Cymru

.E.A. Mudiad Addysg y Gweithwyr

INTECH Newyddiant a Thechnoleg Cymru

.J.E.C. Cyd-bwyllgor Addysg Cymru C.B.A.C.

.R.V.S. Gwasanaeth Gwirfoddol Brenhinol y Merched

waive (standing orders) hepgor; rhoi heibio

aking duty dyletswydd deffro

alks booklet llyfryn llwybrau

alled town tref gaerog

war rhyfel *g*
war memorial cofeb ryfel
War Veterans Association Cymdeithas yr Hen Filwyr

warden controlled accommodation llety dan reolaeth warden

warden service gwasanaeth warden

warehouse warws *g*

warning points mannau rhybuddio

waste disposal unit malwr gwastraff

waste not want not heb wastraff heb angen

water catchment cronni dŵr *be*

water course

water course cwrs dŵr

water-proofing membrane haen dal-dŵr

Water Space Amenity Commission Comisiwn Harddwch Ardaloedd Dyfriog

waterworks gwaith dŵr

waybill rhestr deithwyr

wayleave fforddfraint *b*

way-marked footpath llwybr gydag arwyddion

wayside ar fin y ffordd

wear and tear traul *g*

weather forecast rhagolygon y tywydd

weather information service gwasanaeth tywydd

weighbridge pont bwyso

Weights and Measures Act Deddf Pwysau a Mesurau

weir cored *b*

welfare lles *a*
Welfare State Y Wladwriaeth Les

Welsh Arts Council Cyngor Celfyddydau Cymru

Welsh Assembly Cynulliad Cymru

Welsh Books Council Cyngor Llyfrau Cymru

Welsh Centre for International Affairs Canolfan Cymru ar gyfer Materion Rhyngwladol

Welsh Church Acts Deddfau'r Degwm

Welsh Church Fund Cronfa'r Degwm

Welsh Counties Committee Pwyllgor Siroedd Cymru

Welsh Development Agency Awdurdod Datblygu Cymru

Welsh Land Commission Comisiwn Tir Cymru

Welsh Language Board Bwrdd yr Iaith Gymraeg

Welsh Office Y Swyddfa Gymreig

Wendy house tŷ bach twt

whereas gan dderbyn

white water dŵr gwyllt

whole of . . . . . . cyfan

wholesaler cyfanwerthwr *g*

wholly owned susidiary of cwmni atodo sy'n gyfan gwbl ym meddiant

widow's pension pensiwn gweddw

windfall cynnydd annisgwyl

windscreen ffenestr flaen
rear screen ffenestr ôl

wire gwifren *b*

wire netting weiren rwyllog

to withold information celu gwybodaeth

wild life bywyd gwyllt; byd natur

Wildlife and Countryside Act Deddf Bywyd Gwyllt a Chefn Gwlad

wind surfing hwylfyrddio

woodland coetir *g*
Woodland Trust Yr Ymddiriedolaeth Goedlannau

word processing gairbrosesu *be*

work gwaith *g*
work checkers safonwyr gwaith
work related cysylltiedig â gwaith
work shadowing dilyn swydd
work skills medrau gwaith
work study astudio gwaith

Workers Education Association Mudia Addysg y Gweithwyr

workforce gweithlu *g*

working balance balans wrth gefn

working group/party gweithgor *g*

workload crynswth gwaith

workman's compensation iawndal gweithiwr

workstation gweithfan *g*

writing
in writing mewn du a gwyn; ar bapu

written down value gwerth gostyngol

Y

Y.F.C. Clwb Ffermwyr Ieuainc; C.Ff.I.

Y.H.A. Cymdeithas Hosteli Ieuenctid

Y.T.S. Cynllun Hyfforddi'r Ifanc

yard iard *g*; buarth *g*

yearling bond bond blynyddol

Young Enterprise Menter yr Ifanc

young farmers ffermwyr ieuainc

youth and community worker gweithiwr ieuenctid a chymuned .

Youth Hostel Association Cymdeithas Hosteli Ieuenctid

Youth Training Scheme Cynllun Hyfforddi'r Ifanc

Z

zebra crossing croesfan sebra

zone cylchfa *b*; parth *g*

TERMAU LLYWODRAETH LEOL
Yn seiliedig ar Restr Termau Gwynedd

Golygydd
D Geraint Lewis

CYMRAEG—SAESNEG

Ni wn i ddim paham, ond yn fynych yn awr,
Fe fyn awdurdodau ffasiynol
Gael britho'u brawddegau yn fychan a mawr
Â geiriau a'm poena'n ddirdynnol.

Trefin

Enwau adrannau a swyddogion

rannau

adran *b* (cyfadrannau) *Directorate*
ran *b* (adrannau) *Department*
adran *b* (is-adrannau)*Sub-department*
ain *b* (adanedd) *Section; Division*
adain *b* (is-adanedd) *Sub-division*
ed *b* (unedau) *Unit*
vasanaeth *g* (gwasanaethau) *Service*
ryddfa *b* (swyddfeydd) *Office*
ngen *b* (canghennau) *Branch*
gangen *b* (is-ganghennau) *Sub-branch*

ghreifftiau

ran Addysg a Gwasanaethau
munedol
Gwasanaethau Diwylliannol
ran y Gwasanaethau Cymdeithasol
Adain Gwasanaethau i Oedolion
Is-adran Teuluoedd a Phlant
Is-adran Weinyddol
ran Gyllid
Gwasanaethau Cyllidol
Adran Bersonél
ran y Prif Weithredwr
Adain Gefnogol y Prif Weithredwr
ran y Priffyrdd, Eiddo a Gwaith
Is-adran Adeiladau ac Eiddo
Is-adran Busnes a Rheoli
Is-adran Peirianneg
ran Iechyd yr Amgylchedd a Thai
Adran Gynllunio
Adran Tai
Gwasanaethau Cefnogol
vasanaethau Corffolaethol a
nyfreithiol
Adain Gyfreithiol

Swyddogion

Prif Weithredwr *Chief Executive*
Prif Swyddog *Chief Officer*
Dirprwy (Brif Swyddog) *Deputy*
(Chief Officer)
(Prif Swyddog) Cynorthwyol
Assistant (Chief Officer)
Prif Uwch-Arolygydd *Chief*
Superintendent
Cyfarwyddwr Cyffredinol *Director General*
Cyfarwyddwr *Director*
Cyfarwyddwraig *Directress*
Is-Gyfarwyddwr/Cyfarwyddwr
Cynorthwyol *Assistant Director*
Uwch Gyfarwyddwr (Addysg)
Cynorthwyol *Senior Assistant Director*
(of Education)
Pen Swyddog (Cynllunio)*Principal*
(Planning) Officer
Uwch Swyddog *Senior Officer*
Uwch Beiriannydd *Senior Engineer*
Uwch Beiriannydd Cynorthwyol
Senior Assistant Engineer
Pennaeth *Head*
Swyddog *Officer*
Cynorthwywr/cynorthwyydd *Assistant*

A

senolaeth *hon Defnyddier* colli gwaith/ysgol *fel arfer* ABSENTEEISM

senoldeb *hwn* Yn absenoldeb unrhyw ffeithiau i'r gwrthwyneb . . . Mae absenoldeb cynifer o staff yn achosi problemau. ABSENCE

tiwari *hwn* ystadegydd yswiriant ACTUARY

hlysurol *a* CASUAL; OCCASIONAL **defnyddiwr achlysurol** CASUAL USER

hos *hwn* (achosion) CASE (*gw.* dwyn) **achosion llys** COURT PROCEEDINGS **cynhadledd achos** CASE CONFERENCE

hredu A oes ganddynt unrhyw dystiolaeth i ddangos eu bod wedi'u hachredu yn asiantaeth ddilys? TO ACCREDIT

ain *hon* Adain y cyfrifwyr o fewn Adran y Trysorydd; Adain Grantiau o fewn Adran Addysg SECTION **Adain Addysg Bellach** FURTHER EDUCATION WING

borth *hwn* (adborthion) 'ymateb' yn fwy addas ar gyfer pobl; adborth peiriant FEEDBACK

-dalu Ad-delir y benthyciad dros gyfnod o dair blynedd. Ad-dalwyd pob cwsmer a brynodd beiriant a nam arno. TO REPAY; TO REFUND

-drefnu Os yw ad-drefnu llywodraeth leol yn costio cymaint yng Nghymru, tybed a fydd y llywodraeth yn parhau â'r syniad yn Lloegr? TO REORGANISE

eiledig *a* parthau adeiledig BUILT; BUILT-UP

ennill Os gallwn gael yr adroddiad yn barod dros y penwythnos, adenillwn beth o'r amser a gollwyd. TO RETRIEVE; TO RECOVER

ferol *a* addysg adferol REMEDIAL

fywio Bydd codi dwy ffatri newydd yn ymyl y dref yn sicr o adfywio'i heconomi hi. TO REVIVE; TO REGENERATE

leoli Adleolir llawer o staff i swyddfeydd yr hen Gyngor Sir ar ôl Ebrill y cyntaf. TO RELOCATE; TO RE-DEPLOY

adloniant *hwn* (adloniannau) pwyllgor adloniant ENTERTAINMENT; RECREATION

adnau *hwn* (adneuon) Gosodwyd casgliad pwysig o bapurau'r teulu ar adnau yn yr archifdy. DEPOSIT

adnodd *hwn* (adnoddau) Mae aelod dibynadwy o staff yn adnodd prin iawn. RESOURCE

adolygiad *hwn* (adolygiadau) Mae'n tynnu am amser yr adolygiad staff blynyddol. REVIEW

adolygu Adolygir holl waith yr adran yn ôl gofynion Siarter y Dinesydd TO REVIEW

adran *hon* (adrannau) DEPARTMENT **yr Adran Ddiwydiant a Masnach** DEPARTMENT OF TRADE AND INDUSTRY **Adran y Trysorydd** THE TREASURER'S DEPARTMENT

adraneiddio TO DEPARTMENTALISE; DEPARTMENTATION

adsefydlu hostel adsefydlu; hefyd ymaddasu, ymgyfnerthu TO REHABILITATE

addasydd *hwn* (addasyddion) addasydd trydan; addasydd pwmpio teiars ADAPTOR; MODIFIER

addaweb *hon* (addawebau) PROMISSORY NOTE

addysg *hon* EDUCATION **addysg bellach** FURTHER EDUCATION **addysg uwch** HIGHER EDUCATION

aelod *hwn* (aelodau) MEMBER **aelod cyfetholedig** CO-OPTED MEMBER **aelod enwebedig** NOMINATED MEMBER **aelod etholedig** ELECTED MEMBER **Aelod Seneddol** M.P. **Aelod Seneddol Ewropeaidd** M.E.P.

aelwyd *hon* (aelwydydd) Cofnodir nifer y bobl ar yr aelwyd adeg y cyfrifiad. HOUSEHOLD

affidafid *hwn* (affidafidion) tystiolaeth ysgrifenedig dan lw i lys barn AFFIDAVIT

agored *a* drws agored; gadael eich hun yn agored i feirniadaeth OPEN; LIABLE **addysg agored** OPEN LEARNING **aelwyd agored** OPEN HOUSE

anghydfod

anghydfod *hwn* DISPUTE
trefn anghydfod cyffredinol
COLLECTIVE DISPUTES PROCEDURE

anghydnaws *a* Rwy'n ofni na allwn
gynnwys y ddau yna yn yr un tîm, y
maen nhw'n hollol anghydnaws â'i
gilydd. UNSYMPATHETIC

ailddodrefnu Gan fod ychydig o gyfalaf
ar ôl ar ddiwedd y flwyddyn,
llwyddwyd i ailddodrefnu dau
ddosbarth cyn dechrau'r tymor
newydd. TO REFURBISH

ailgylchu canolfan ailgylchu TO RECYCLE

ailosod Roedd gofyn ailosod y clychau
tân ar ôl yr ymarfer. TO RESET

ailraddio Oherwydd bod swyddi staff yn
newid yn dilyn ad-drefnu, mae nifer
ohonynt wedi gwneud cais am
alraddio eu graddfeydd cyflog.
TO REGRADE

ailwampio Er cadw'r un peiriant gyrru,
ailwampiwyd cragen y car yn gyfan
gwbl . TO REMODEL

alch *hon* (eilch) alch wartheg
(CATTLE) GRID

allanfa *hon* (allanfeydd) Bydd angen
sicrhau fod yna arwydd *'Allanfa Dân'*
ar gael yn ogystal â *Fire Exit.* EXIT

allbrint *hwn* (allbrintiadau) A wnewch chi
allbrint o'r data newydd imi? PRINTOUT

allforio TO EXPORT
allforio'n fyw TO EXPORT ON THE HOOF

alltudio Alltudiwyd llawer o
ddrwgweithredwyr i Awstralia yn ystod
y ganrif ddiwethaf. TO EXILE

allweddol *a* Mae'r polisi hwn yn allweddol
os ydym am lwyddo yn y maes yma.
KEY

amcan *hwn* (amcanion) yr hyn yr anelir
ato AIM
bwriad *neu* **nod** amcan mesuradwy
OBJECTIVE
strategaeth *hon* ffordd yr ydych chi'n
mynd i gyrraedd eich nod/bwriad
STRATEGY
cynllun gweithredu camau unigol y
strategaeth ACTION PLAN

amcanddyfaliad *hwn* fe fyddai 'bras
amcan' yn fwy naturiol GUESTIMATE

amcangyfrif *hwn* (amcangyfrifon) A yw
50 yn amcangyfrif teg o'r cadeiriau y
bydd eu hangen? (AN) ESTIMATE

amcangyfrif *be* Amcangyfrifir y bydd
angen 50 o gadeiriau. TO ESTIMATE

amcangyfrifon *hyn* ESTIMATES
amcangyfrifon diwygiedig
REVISED ESTIMATES
amcangyfrifon gwirioneddol
ACTUAL ESTIMATES
amcangyfrifon manylaf
BEST ESTIMATES

amgen *a* ffordd amgen o fyw; technoleg
amgen ALTERNATIVE

amgylchedd *hwn* (amgylcheddau)
ENVIRONMENT
Iechyd yr Amgylchedd
ENVIRONMENTAL HEALTH

amhleidiol *a* Rwy'n hollol amhleidiol yn y
mater hwn. IMPARTIAL

amlbwrpas *a* MULTI-PURPOSE
campfa amlbwrpas
MULTI-PURPOSE GYM
gweithiwr amlbwrpas
HYBRID WORKER
uned amlbwrpas
MULTI-FUNCTIONAL UNIT

amlder *hwn* (amlderau) Mae amlder
aeron coch yn yr hydref yn darogan
gaeaf caled yn ôl rhai. ABUNDANCE

amlddefnydd *a* MULTIPLE USE

amledd *hwn* FREQUENCY
Amledd Uchaf Un
ULTRA HIGH FREQUENCY; UHF
Amledd Uchel Iawn
VERY HIGH FREQUENCY; VHF

amlinellu Amlinellir polisïau'r Cyngor
newydd yn y dogfennau canlynol.
TO SET OUT

amlwyddorol *a* tîm amlwyddorol
MULTIDISCIPLINARY

amnewid Ein bwriad yw amnewid system
lle mae'r Cyngor yn rhedeg y
gwasanaeth, i system lle y bydd y
Cyngor yn talu cwmni preifat i gynnig y
gwasanaeth ar eu rhan.
TO REPLACE; TO SUBSTITUTE

nod *hwn* (amodau) CONDITION
   amodau gwaith
   CONDITIONS OF SERVICE

nodol *a* Mae cyrraedd pwyntiau uchaf y raddfa yn amodol ar dderbyn cymwysterau proffesiynol. CONDITIONAL
   rhyddhad amodol
   CONDITIONAL DISCHARGE

nrywiol *a* MISCELLANEOUS
   graddfa amrywiol
   MISCELLANEOUS GRADE

nserlen *hon* (amserlenni) Er mwyn cyflwyno'r cynllun i'r Swyddfa Gymreig erbyn mis Mai, rhaid dilyn amserlen dynn iawn. TIMETABLE

nwynder/mwynder *hwn* (amwynderau) Adran Amwynderau a Hamdden
AMENITY

nabledd *hwn* pensiwn anabledd
DISABILITY
   methedig; anabl DISABLED

naddysgol *a* grantiau anaddysgol
NON-EDUCATIONAL

nafusion *hyn*
   anafusion meddyliol
   MENTAL DEFECTIVES

nalluedd *a* INVALIDITY
   budd-dâl analluedd INVALIDITY BENEFIT

nfoneb *hon* (anfonebau) Disgwylir i bob anfoneb gael ei thalu cyn diwedd y flwyddyn ariannol. INVOICE

nhwylder *hwn* INDISPOSITION
   anhwylder meddyliol
   MENTAL DISORDER

nlynol *a* llestri anlynol NON-STICK

nllafuriol *a* y gweithlu anllafuriol
NON-MANUAL

nnatod *a* Ni allwn dorri hynny allan o'r cynllun y bu'n rhan annatod ohono o'r cychwyn. INTEGRAL

nnomestig *a* trethdalwyr annomestig
NON-DOMESTIC

nochel *a* Gan fod y Llywodraeth yn ganolog wedi cwtogi ar y grant unwaith eto, mae codiad yn Nhreth y Cyngor yn anochel. INESCAPABLE

ansawdd *hwn neu hon* (ansoddau) papur ansawdd da; Mae diogelu ansawdd ein gwasanaethau yn holl bwysig mewn cyfnod o doriadau. QUALITY

anystywallt *a* plentyn anystywallt
DELINQUENT

arbedion *hyn* Defnyddir unrhyw arbedion eleni i wrthsefyll toriadau blwyddyn nesaf. CUTS; SAVINGS

archwiliad *hwn* (archwiliadau) Cynhelir yr archwiliad cyfrifon blynyddol nos Fawrth nesaf. EXAMINATION; AUDIT

archwilio archwilio'r corff; archwilio'r llyfrau TO EXAMINE

archwiliwr *hwn* (archwilwyr) AUDITOR

ardrethol *a* gwerth ardrethol adeiladau
RATEABLE

ardystio Disgwylir i feddyg ardystio nad yw'n medru cyflawni ei ddyletswyddau. TO CERTIFY

arddangos weithiau y mae 'cynnal arddangosfa' yn well
TO EXHIBIT; TO DISPLAY

arfaethedig *a* Ni fydd polisïau arfaethedig y Cyngor yn boblogaidd gan y trethdalwyr. PROPOSED

arfarnu ar y cyfan y mae 'pwyso a mesur' neu 'tafoli' yn well nag arfarnu a gwerthuso TO EVALUATE

arfer *hwn neu hon* (arferion)
   CUSTOM; PRACTICE
   arferion busnes BUSINESS PRACTICE
   arferion swyddfa OFFICE PRACTICE

argyfwng *hwn* (argyfyngau) Dewch yn gyflym, mae'n argyfwng arnom.
CRISIS; EMERGENCY
   gwasanaethau argyfwng
   EMERGENCY SERVICES

argymell Argymhellir cynyddu'r oriau agor i bymtheg awr yr wythnos.
TO RECOMMEND

arian *hwn* MONEY; SILVER; CASH
   arian mân CHANGE
   arian parod CASH
   mân arian PETTY CASH

ariannol *a* FINANCIAL
   blwyddyn ariannol FINANCIAL YEAR

ariannydd

ariannydd *hwn* (arianwyr : arianyddion)
CASHIER

arloesi grant arloesi TO INNOVATE

arlwyaeth *hon* dyma'r pwnc a astudir, ar
y cyfan mae'n well defnyddio 'arlwyo'
CATERING

arlwyo TO CATER
gwasanaeth arlwyo CATERING SERVICE

arolwg *hwn* (arolygon) arolwg barn;
arolwg ordnans SURVEY

arolygwr/arolygydd *hwn* (arolygwyr)
INSPECTOR
arolygwr adeiladu BUILDING INSPECTOR
Arolygwr Ei Mawrhydi; AEM
HER MAJESTY'S INSPECTOR (HMI)

aruno TO AMALGAMATE (uno = to unite;
cyfuno = to combine)

arwead *hwn* arwead bras brethyn cartref
TEXTURE

arwerthiant *hwn* (arwerthiannau)
arwerthiant gwanwyn y siopau dillad
(AUCTION) SALE
gwerthiant treth gwerthiant SALE(S)

ased *hwn* (asedau : asedion) am arian;
caffaeliad am berson AN ASSET

asesu pwyso a mesur Pwy sydd yn mynd
i asesu/bwyso a mesur gwerth y
newidiadau diweddaraf i'r system.
TO ASSESS

asiantaeth *hon* (asiantaethau) gw. hefyd
'gwasanaeth' AGENCY

atal Atelir talu unrhyw filiau hyd nes bod
yr archwilwyr wedi archwilio'r llyfrau.
TO WITHOLD; TO SUSPEND
atal plentyn o'r ysgol TO SUSPEND

ataliol mesurau ataliol PREVENTATIVE

atalfa *hon* (atalfeydd) BARRIER
atalfa sain SOUND BARRIER

atebolrwydd *hwn* atebolrwydd heb fai
LIABILITY (WITHOUT FAULT)

ategolion *hyn* Trethir cyflog, treuliau ac
ategolion. EMOLUMENTS

atgraffiaeth *hon* y grefft o gynhyrchu
llawer o gopïau o rywbeth, yn
arbennig drwy ddulliau argraffu
REPROGRAPHY

atgyweirio Atgyweiriwyd to'r ysgol wedi'r
storm. TO MAKE GOOD; TO REPAIR

atodlen *hon* (atodlenni) Darparwyd
atodlen yn gosod amserlen dynn ar
gyfer pob cam o'r datblygiad.
SCHEDULE

atodol *a* Cyflwynir amcangyfrifon atodol
hanner ffordd drwy'r flwyddyn.
SUPPLEMENTARY

B

balot *hwn* (balotau) *Ystyrier ddefnyddio
'pleidlais bapur' a 'pleidlais gudd'*
Cynhaliwyd balot/ pleidlais gudd
ymhlith yr aelodau. BALLOT

banc *hwn* (banciau) BANK

bancradd *hon* (bancraddau) Os codir y
fancradd eto gan y Canghellor, fe fydd
yn bwrw cwmnïau mawr a bychain.
BANK RATE

banc[i]wr *hwn* (bancwyr) BANKER

baner *hon* (baneri) FLAG
codi baner TO RAISE THE FLAG
gostwng baner TO LOWER THE FLAG
gostyngir baneri HALF MAST

barcuta Ceir mwy o farwolaethau wrth
groesi'r heol nac wrth farcuta.
TO HANG-GLIDE

bargeinio Bargeiniwyd ar ran y staff
gan gyfreithiwr yr undeb. TO BARGAIN

bargen *hon* (bargeinion) BARGAIN

benthyciad *hwn* (benthyciadau) LOAN
benthyciad pontio BRIDGING LOAN

blaenoriaethu Wrth gyflwyno rhestr o
doriadau posibl, mae'n bwysig ein bod
yn eu blaenoriaethu. TO PRIORITIZE

blwydd-dâl *hwn* (blwydd-daliadau) Tynnir
cyfraniad misol o'm cyflog tuag at
gronfa flwydd-dâl y cyngor sir.
SUPERANNUATION

lard *hwn* (bolardiau) BOLLARD

nws *hwn* (bonysau) Yr ydym yn
bwriadu cyflwyno cynllun bonws
cymell y flwyddyn nesaf.
BONUS (INCENTIVE SCHEME)

einio Trwy'r awdurdod a freinir ynof
gan y llys . . . TO VEST

nyn *hwn* (bonion) COUNTERFOIL; STUB

igâd *hon* (brigadau) BRIGADE
brigâd dân FIRE BRIGADE

wnt *a* (yn y De) dŵr brwnt (brynted;
bryntach; bryntaf) DIRTY; FOUL

alch *hon* (bueilch) CATTLE GRID

dr *a* (yn y Gogledd) dŵr budr (butred;
butrach; butraf) DIRTY, FOUL

dd-dâl *hwn* (budd-daliadau) BENEFIT
budd-dâl anabledd INVALIDITY BENEFIT
budd-dâl atodol
SUPPLEMENTARY BENEFIT
budd-dâl mamolaeth
MATERNITY BENEFIT

budd-dâl salwch SICKNESS BENEFIT
budd-dâl tai HOUSING BENEFIT

buddsoddiad *hwn* (buddsoddiadau)
Addysg plant yw ein buddsoddiad ar
gyfer y dyfodol. INVESTMENT

bugeiliol *a* gofal bugeiliol PASTORAL CARE

busnes *hwn* (busnesau) Mae llawer o
fusnesau bychain yn y cylch yma.
BUSINESS
busnes y Cyngor COUNCIL BUSINESS

butraf *gw.* budr

bwrdd *hwn* (byrddau) BOARD
Bwrdd Canolwyr
BOARD OF ARBITRATION

bwriedig *a* DEEMED; INTENDED

bwydo bwydo papur i beiriant TO FEED

byddar *a* DEAF

byddariaid *hyn* THE DEAF

bylchog *a* BROKEN
llinell fylchog BROKEN LINE

C

boledd *hwn* gorffeniad A FINISH
caboledd eboni EBONY FINISH

boli Mae'r adroddiad yma n iawn fel
drafft ond bydd angen ei gaboli cyn y
pwyllgor. TO POLISH; TO FINISH

darnhau Cadarnhawyd y
gweithgareddau gan y cadeirydd
TO CONFIRM

dwraeth *hon* CONSERVATION

is *hwn* (ceisiadau) Dylid cyflwyno
ceisiadau o leiaf pythefnos cyn
cyfarfod y pwyllgor priodol.
CLAIM; REQUEST; APPLICATION

aledwedd *hwn* Caledwedd cyfrifiadur
yw'r sgrin, bysellfwrdd, y llygoden a'r
cyfrifiadur ei hun. HARDWARE

amweinyddu Yr Ombwdsmon yw'r dyn
sy'n dyfarnu a yw cyngor yn euog o
gamweinyddu neu beidio. *Defnyddier*
'camweinyddu' *yn hytrach na*
'camweinyddiad' *lle bo hynny'n bosibl*
MALADMINISTRATION

camymddwyn TO MISBEHAVE

camymddygiad *hwn* Mae camymddygiad
rhai pobl ifainc heddiw yn destun
pryder. DELINQUENCY; MISCONDUCT

canfasio Ni chaniateir canfasio am y
swyddi canlynol. TO CANVASS

canfodiadol *a* cydreoli canfodiadol-
ymudol
PERCEPTUAL-MOTOR CO-ORDINATION

canllaw *hwn* (canllawiau) GUIDELINE
canllawiau *e.e.* canllawiau dylunio
(DESIGN) BRIEF

canolbarth Cymru ond canoldir Lloegr
MIDLAND(S)

canolfan *hon* (canolfannau) CENTRE
canolfan ddydd DAY CENTRE
canolfan gadw REMAND CENTRE
Canolfan Gynghori
CITIZEN'S ADVICE BUREAU

caredigion caredigion yr achos
ENTHUSIASTS

carfan *hon* (carfanau) COHORT; GROUP

9

cartrefwr

cartrefwr *hwn* (cartrefwyr) HOMEMAKER

carthffosiaeth *hon* Rhaid buddsoddi mewn cyfundrefn garthffosiaeth effeithiol er mwyn sicrhau traethau glân. SEWERAGE (nid sewage)

carthion *hyn* Llifodd carthion drwy'r tai adeg y llifogydd mawr. EFFLUENT; SEWAGE

casglu Rwy'n casglu nad ydych chi am fynd â'r achos ymhellach. TO CONCLUDE

celfyddyd *hon* (celfyddydau) ART
celfyddyd gain FINE ART
celfyddydau byw PERFORMING ARTS
celfyddydau gweledol VISUAL ARTS

cerbyd *hwn* (cerbydau) VEHICLE
cerbyd nwyddau trwm
HEAVY GOODS VEHICLE

cesglir o 'casglu'

claf *a* claf eu meddwl (MENTALLY) ILL (cleifion)

clastir *hwn* (clastiroedd) tir eglwys
GLEBELAND

cleient *hwn* (cleientiaid : cleientau) CLIENT

cleifion *hyn* (THE) ILL

clerc *hwn* (clercod) CLERK
clerc gwaith CLERK OF WORKS
clerc teipydd CLERK-TYPIST

clercyddol *a* Penodir gweinyddwr ar raddfa glercyddol i gychwyn. CLERICAL

clerigol *a* Dyletswyddau clerigol o fewn yr eglwys. CLERICAL

clod *hwn* (clodydd) Llwyddodd gyda chlod yn ei harholiad Gradd V. CREDIT

cludiant Mae penderfynu dalgylch cludiant i'r ysgol, bob tro yn fater sensitif. TRANSPORT (gw. hefyd 'trafnidiaeth', 'trawsgludo' ac 'alltudio')

cludwely *hwn* (cludwelyau) STRETCHER

cludydd *hwn* (cludwyr) Rhaid cydymffurfio â llawer o reolau cyn derbyn trwydded yn gludydd plant ysgol. CONVEYOR

clwstwr *hwn* (clystyrau) Llunnir clwstwr ar gyfer hyfforddiant mewn swydd gan bedair o ysgolion bach CLUSTER

clystyru Efallai trwy gyfundrefn glystyru daw ffordd i gadw ysgolion bach cefn gwlad ar agor. TO CLUSTER

clyweled *a* cyfarpar clyweled AUDIO-VISU

clyweliad *hwn* (clyweliadau) Mae genny glyweliad ar gyfer Y Gerddorfa Ieuenctid Genedlaethol fore Gwener. AUDITION

clorian *hon* (cloriannau) Ydyw'r glorian hon yn pwyso'n fetrig? SCALES; BALANCE

côd *hwn* (codau) CODE
côd lliwiau COLOUR CODE
côd ymddygiad CODE OF CONDUCT

codiannau *hyn* gw. **codiant**

codiant *hwn* (codiannau) Cododd codiannau'r banc yn sylweddol yn ystod y flwyddyn. CHARGE

coedlan *hon* (coedlannau) COPSE

coedwig *hon* (coedwigoedd) FOREST

coetir *hwn* (coetiroedd) WOODLAND

cofnod *hwn* (cofnodion) MINUTE; RECORD
cofnodion geni BIRTH RECORDS
cofnodion pwyllgor
COMMITTEE MINUTES

cofrestredig *a* pobl fethedig gofrestredig REGISTERED (HANDICAPPED PERSONS)

coladu Mae'r argraffydd newydd yn rhannu ac yn coladu'r copïau. TO COLLATE

côn *hwn* (conau) 'moch coed' yw conau coed pin
conau cyfeirio 'hetiau gwrachod' yn anffurfiol TRAFFIC CONES

consesiwn *hwn* (consesiynau) Ystyrier pa ystyr sydd ei angen ac ystyrier defnyddio 'hawl', 'mantais', 'goddef' *etc.* CONCESSION

contract *hwn* (contractau) ystyrier 'cytundeb' fel arfer CONTRACT

copïwr *hwn* (copïwyr) person fel arfer COPIER

copïydd *hwn* (copïwyr) peiriant fel arfer COPIER

corfforaethol *a* cynllun corfforaethol CORPORATE

st *hon* (costau) Mae costau byw wedi codi'n sylweddol yn ystod y pum mlynedd diwethaf. COST

straniad *hwn* (costraniadau) darpar gostraniad (PROVISIONAL) APPORTIONMENT

agen *hon* (cregyn) cragen pwmp petrol (PETROL PUMP) HOUSING

ât *hwn* (cratiau) cratiau o gwrw CRATE

edyd *hwn* Am faint rhagor y gallwn ganiatáu iddynt gael nwyddau ar gredyd. CREDIT

oesawydd *hwn* RECEPTIONIST

oesfan *hon* (croesfannau) Cofiwch ddefnyddio'r groesfan i groesi'r heol bob tro. CROSSING

ogiant *hwn* (crogiannau) Crogiant/hongiad diffygiol y car a achosodd y ddamwain. SUSPENSION

onfa *hon* (cronfeydd) FUND
cronfa les BENEVOLENT FUND

onig *a* cadwch fel term technegol = sy'n para'n hir CHRONIC

onni Mae £256 o log wedi cronni o'r cyfrif. TO ACCRUE

onolegol *a* Gosodwch yr adroddiadau mewn trefn gronolegol. CHRONOLOGICAL

wner *hwn* (crwneriaid) CORONER

ynodeb *hwn* (crynodebau) crynodeb o'r cyfrifon ABSTRACT

ynswth *hwn* Cyflwynwyd yr adroddiad yn ei grynswth. ENTIRITY

udd *a* COVERT
gwasanaethau cudd SECRET SERVICES

wango *hwn* Quasi Autonomous Non-Governmental Organisation QUANGO

worwm *hwn* Rhaid wrth bedwar aelod yn bresennol cyn cael cworwm a medru gwneud penderfyniadau dilys. QUORUM

wyn *hon* (cwynion) Beth yw trefn cwynion y sir newydd? COMPLAINT (mae angen to bach yn achos *gŵyn* a *chŵyn*)

cyd-adrannol *a* gweithgor cyd-adrannol INTERDEPARTMENTAL

cyd-berchenogion *hyn* SYNDICATES

cydbwysedd *hwn* Mae'n bwysig fod y cydbwysedd gwleidyddol yn cael ei adlewyrchu yn y pwyllgor. BALANCE

cyd-drafod TO NEGOTIATE
trafod TO DISCUSS

cyd-drefnu : cydgysylltu : cydlynu TO CO-ORDINATE

cydgysylltydd *hwn* (cydgysylltwyr) am rywun sy'n canolbwyntio ar gyfathrebu CO-ORDINATOR; LIAISON

cydlynydd *hwn* (cydlynwyr) am rywun sy'n canolbwyntio ar weithio ar y cyd CO-ORDINATOR

cydnabyddedig *a* Canolfan Hyfforddi Gydnabyddedig ACCREDITED

cydnabyddiaeth *hon* Derbyniwch y gydnabyddiaeth amgaeedig yn dystiolaeth o'n gwerthfawrogiad. ACKNOWLEDGEMENT; RECOGNITION; HONORARIUM

cydraddoldeb *hwn* Mae'r Undeb yn ymladd am gydraddoldeb cyflog rhwng dynion a merched. EQUALITY

cydsyniad *hwn* (cydsyniadau) Rhaid wrth gydsyniad y cadeirydd cyn mynd â hwn o flaen y pwyllgor. AGREEMENT; CONSENT

cydsynio Cydsynnir i fwyafrif yr argymhellion. TO AGREE

cyd-wyddorol *a* gweithgor cyd-wyddorol INTER-DISCIPLINARY
amlwyddorol *a* MULTI-DISCIPLINARY

cyfalaf *hwn* Faint o gyfalaf fydd angen ei godi i adeiladu llyfrgell newydd i'r dref? CAPITAL

cyfamod *hwn* (cyfamodau) COVENANT

cyfamodi (â) Wrth gyfamodi ag elusen i dalu swm penodol blynyddol iddi, gall yr elusen hawlio ad-daliad o'r dreth incwm. TO COVENANT

cyfandaliad *hwn* (cyfandaliadau) Derbyniais gyfandaliad o £3,000 ar adeg fy ymddeoliad. LUMP SUM

cyfarwyddo

cyfarwyddo
1. Bydd angen rhai wythnosau i bawb gyfarwyddo â'r system newydd . Cofier hefyd **ymgyfarwyddo** TO BECOME ACQUAINTED
2. Mae angen iaith symlach yn y llyfrau cyfarwyddo staff. TO GUIDE

cyfarwyddyd *hwn* (cyfarwyddiadau) DIRECTION; INSTRUCTION

cyfatebol *a* yn y cyfnod cyfatebol y llynedd CORRESPONDING

cyfathrebu (â) Wrth fod adeiladau'r ysgol ar wasgar dros dri safle, cyfathrebu â'n gilydd yw un o'n problemau mwyaf. TO COMMUNICATE

cyfeireb *hon* (cyfeirebau) Cofiwch ddod â'ch cyfeireb gyda chi pan ddowch i'r ysbyty. REFERRAL (CARD)

cyfeirnod *hwn* A oes cyfeirnod map gennych chi ar gyfer y fferm? REFERENCE

cyflenwi athro cyflenwi TO SUPPLY

cyfetholedig *a* Mae John Jones yn aelod cyfetholedig o'r pwyllgor. CO-OPTED

cyflafareddu *be* Y Gwasanaeth Cynghori, Cymodi a Chyflafareddu TO ARBITRATE

cyfleuster : cyfleustra *hwn* (cyfleusterau) Rwy'n hoffi cyfleuster medru cerdded i'r gwaith. Mae llawer iawn mwy o gyfleusterau yn yr adeilad newydd. CONVENIENCE; FACILITY **cyfleusterau cyhoeddus** toiledau PUBLIC CONVENIENCES

cyfleustod *hwn* (cyfleustodau) Y cwmnïau dŵr a thrydan yw'r cyfleustodau cyhoeddus. UTILITIES

cyflogaeth *hon* Ein bwriad yw sicrhau cyflogaeth lawn erbyn diwedd y ganrif. EMPLOYMENT

cyflun *a* Nid dyma'r gwreiddiol ond copi cyflun ohono. FACSIMILE

cyfnewidfa *hon* (cyfnewidfeydd) EXCHANGE **cyfnewidfa arian** BUREAU DE CHANGE **cyfnewidfa ffôn** TELEPHONE EXCHANGE **Cyfnewidfa Stociau** STOCK EXCHANGE

cyfradd *hon* (cyfraddau) cyfradd llog; cyfradd gweithgarwch RATE

cyfredol *a* CURRENT **rhifyn cyfredol (cylchgrawn)** CURRENT ISSUE

cyfreithiwr *hwn* (cyfreithwyr) er mwyn gallu gwahaniaethu rhyngddo â chyfreithydd SOLICITOR

cyfreithydd *hwn* (anaml iawn) LAWYER

cyfrif[1] *hwn* (cyfrifon) Mae angen agor cyfrif newydd ar gyfer y cyngerdd. ACCOUNT **cyfrif cadw** DEPOSIT ACCOUNT **cyfrif cyfredol** CURRENT ACCOUNT **cyfrif cynilo** SAVINGS ACCOUNT

cyfrif[2] *be* A wnei di gyfrif faint sydd o bla TO COUNT; TO ENUMERATE **bwrw cyfrif** gweithio allan trwy ddefnyddio rhifau; clandro. A wnei d fwrw cyfrif ar faint o incwm y bydd angen ei gynhyrchu y flwyddyn nesa TO CALCULATE

cyfrifeg *hon* astudiaeth o egwyddorion maes Rwy'n astudio cyfrifeg, dwyieitheg a chyfrifiadureg yn y cole ACCOUNTANCY

cyfrifen *hon* (cyfrifennau) cyfrifen incwn STATEMENT (OF INCOME)

cyfrifiad *hwn* (cyfrifiadau) CENSUS

cyfrifiaduro Cyfrifiadurwyd yr Adran Werthu y llynedd a chyfrifiadurir yr Adran Ddosbarthu eleni. TO COMPUTERISE

cyfrifiannell *hwn* (cyfrifianellau) CALCULATOR

cyfrifiannu O fwydo'r holl ddata i'r peiriant, fe ddylen ni fod yn gallu cyfrifiannu pa mor debygol ydyw a fydd y cynllun yn llwyddo neu beidio. TO COMPUTE

cyfriflen *hon* (cyfriflenni) Derbyniwyd ei cyfriflen fisol o'r banc heddiw. STATEMENT

cyfrifyddiaeth *hon* yr arfer Cyfrifyddiae yw'r maes y mae gennyf wir ddiddordeb ynddo. ACCOUNTANCY

cyfrin-wybodaeth *hon* Casglu cyfrin-wybodaeth yw gwaith y gwasanaetha cudd. INTELLIGENCE

weliad *hwn* (cyfweliadau) Cynhelir cyfweliadau ar gyfer y swydd yr wythnos nesaf. INTERVIEW

yngedig *a* Cwmni Cyhoeddus Cyfyngedig (PUBLIC) LIMITED (COMPANY)

feithwr *hwn* (cyffeithwyr) Rowntree a'i fab, cyffeithwyr o fri CONFECTIONER

fredin *a* yn perthyn i'r mwyafrif, neu yn nodweddiadol o'r mwyafrif COMMON

fredinol *a* ar gael i bawb GENERAL

nghorau *hyn* gw. **cyngor**[1]

nghori Fe'i cynghorwyd i beidio â'i wneud yn achos llys. TO ADVISE

nghorion *hyn* gw. **cyngor**[2]

nghorwr *hwn* (cynghorwyr) un sy'n rhoi cyngor; cynghorwr ariannol COUNSELLOR

nghorydd *hwn* (cynghorwyr) aelod o gyngor; cynghorydd sir COUNCILLOR

ngor[1] *hwn* (cynghorion) ADVICE **cyngor busnes** BUSINESS ADVICE

ngor[2] *hwn* (cynghorau) Cyngor Sir; Cyngor Cefn Gwlad Cymru COUNCIL

lchfa *hon* (cylchfaoedd) ZONE

llid *hwn* Fel arfer ceir dau fath o gyllid, refeniw a chyfalaf. FINANCE

llideb *hon* (cyllidebau) BUDGET **cyllideb flynyddol** ANNUAL BUDGET **cyllideb sylfaenol** BASE BUDGET

llido Cyllidwyd rhan gyntaf y prosiect o arian y llynedd a chyllidir y rhan nesaf o arian eleni. TO FINANCE

mathu Un her sy'n ein hwynebu yw sicrhau ein bod yn cymathu'r Cymry Cymraeg a'r di-Gymraeg yn un gymdeithas ddwyieithog. TO INTEGRATE

mdeithasol *a* Ar y cyfan defnyddier 'cymdeithasol' ar gyfer 'social' *a* 'cymunedol' ar gyfer 'community' *fel ansoddair*

mell Fe'ch cymhellir i ystyried o ddifrif cyn bwrw ymlaen â'r achos. TO URGE

meradwy *a* Sefydliad Hyfforddi Cymeradwy APPROVED

mesurol *a* Disgwyliwn gyflog cymesurol â chyfrifoldebau'r swydd. COMMENSURATE

cymhareb *hon* (cymarebau) cymhareb athro-disgybl (TEACHER-PUPIL) RATIO

cymhell *gw.* **cymell**

cymhelliad *hwn* (cymelliadau) Rhaid cynnig cymhelliad os ydym am i'r staff weithio rhagor o amser. INCENTIVE

cymhelliant *hwn* (cymelliannau) MOTIVATION

cymhorthdal *hwn* (cymorthdaliadau) *Ystyrier ei ddefnyddio yn lle* 'grant' *ond mae ei ystyr yn nes at* SUBSIDY

cymhorthion *gw.* **cymorth**

cymhorthfa *hon* (cymorthfeydd) Cymhorthfa Aelod Seneddol SURGERY

cymhwysiad *hwn* (cymwysiadau) Yr ydym yn gweithio ar gymhwysiad Cymraeg o'r rhaglen sylfaenol. APPLICATION

cymhwyster *hwn* (cymwysterau) QUALIFICATION

cymhwyswr *hwn* (cymhwyswyr) cymhwyswr colledion (LOSS) ADJUSTER

cymorth *hwn* (cymhorthion) cymorth cartref; cymorth clyw AID; HELP

cymodi *be* Mae'r Cyngor Sir wedi gofyn i swyddog o awdurdod arall ddod i gymodi rhwng yr undeb a'r adran. TO CONCILIATE

cymrawd *hwn* (cymrodyr) Mae wedi'i derbyn yn gymrawd Cymdeithas y Llyfrgellwyr. FELLOW

cymudwr *hwn* (cymudwyr) Mae'n anodd ar gymudwyr sy'n dibynnu ar y trenau i gymudo i'w gwaith. COMMUTER

cymunedol *a* gw. **cymdeithasol**

cymwysterau *gw.* **cymhwyster**

cymynrodd *hon* (cymynroddion) BEQUEST

cynadledda Mae rhai swyddogion yn credu'n fwy na'i gilydd yng ngwerth cynadledda. TO ATTEND CONFERENCES

cynadleddwr *hwn* (cynadleddwyr) CONFERENCE DELEGATE

cynaladwyaeth *hon* Mae sicrhau cynaladwyaeth ein hadnoddau crai, megis olew a choed, yn un o broblemau mawr yr unfed ganrif ar hugain SUSTAINABILITY

13

cynefin

cynefin *hwn* (cynefinoedd) Cynefin y bugail yw'r awyr agored, cynefin yr ariannwr yw'r banc. HABITAT

cynhadledd *hon* (cynadleddau) CONFERENCE

cynhaliaeth *hon* costau cynhaliaeth SUBSISTENCE (EXPENSES)

cynheiliad *hwn* (cynheiliaid) O golli prifathro'r ysgol o'r pentref, dyma golli un o brif gynheiliaid diwylliant y fro. SUPPORT

cynhyrchedd *hwn* Mae codiadau cyflog yn amodol ar wella cynhyrchedd. PRODUCTIVITY

cynigydd *hwn* Y Cynghorydd John Davies yw'r cynigydd, a oes yna eilydd? PROPOSER

cynllun *hwn* (cynlluniau) cynllun lleol LOCAL PLAN

cynllunio Cynllunnir y tu mewn gan artist lleol. TO PLAN

cynnig[1] *hwn* (cynigion) A oes rhywun yn barod i wneud cynnig? A MOTION

cynnig[2] Cynigiwyd gwelliant gan yr wrthblaid. TO PROPOSE; TO MOVE (A MOTION)

cynorthwyydd *hwn* (cynorthwywyr) *Does dim angen* 'y-y'. Defnyddier 'cynorthwywr' *fel dewis cyntaf* ASSISTANT

cyntaf *a* FIRST (*Nid yw'n achosi treiglad pan ddaw o flaen gair:* cyntaf peth) FIRST

cynullydd *hwn* (cynullwyr) CONVENOR

cyrchydd *hwn* (cyrchwyr) Mae'r cyrchydd yn dangos lle'r ydych chi ar sgrin cyfrifiadur. CURSOR

cyswllt *hwn* (cysylltiadau) CONTACT
  swyddog cyswllt LIAISON OFFICER
  yn y cyswllt hwn IN THIS CONTEXT

cysylltiadau mwy nag un **cyswllt** COMMUNICATIONS
  cysylltiadau cyhoeddus PUBLIC RELATIONS

cysylltu 1. TO CONTACT 2. TO CONNECT

cysylltydd *hwn* (cysylltwyr) Bydd angen pennu cysylltydd rhwng y gwahanol adrannau ar gyfer y prosiect A CONTACT; LIAISON (OFFICER)
  cysylltydd ffôn/teleffon (TELEPHONE) OPERATOR

cytundeb *hwn* (cytundebau) Mae cytundeb rhwng y ddwy ochr ar y ffordd i symud ymlaen. AGREEMENT; CONTRACT
  cytundeb dros dro TEMPORARY CONTRACT
  cytundeb tair blynedd THREE-YEAR CONTRACT

Ch

chwarterol *a* adroddiad chwarterol; cylchgrawn chwarterol QUARTERLY

chwistrellu Chwistrellwyd can mil o arian newydd i'r prosiect mewn cais i'w adfywio. TO INJECT; TO SPRAY

chwyddiad *hwn* Yn y chwyddiad yma fe allwch chi weld rhif y car sydd yng nghornel y llun. ENLARGEMENT

chwyddiant *hwn* Er bod chwyddiant wedi cynyddu 5% yn ystod y flwyddyn, ni chawn grant ond am 3% chwyddiant. INFLATION

chwyddiadur *hwn* (chwyddiaduron) MICROFILM READER

chwyddwr *hwn* ENLARGER

D

dansoddi Mae angen dadansoddi'r sefyllfa economaidd, cymdeithasol ac ieithyddol. TO ANALYSE

dansoddiad *hwn* (dadansoddiadau) Mae ei ddadansoddiad ef o'r anghenion yn hollol wahanol i'w dadansoddiad hi. ANALYSIS

dreoleiddio Mae dadreoleiddio'r gwasanaeth bysiau yn golygu bod mwy o fysiau ar gael ar gyfer mannau poblog, ond ychydig iawn ar gyfer cefn gwlad. TO DEREGULATE

ngosydd cyflawni *(hwn)* Rheol Goodheart yw unwaith y dewisir rhyw agwedd ar waith i fod yn ddangosydd cyflawni, mae'n peidio â bod yn ddangosydd cyflawni. PERFORMANCE INDICATOR

gylch *hwn* CATCHMENT AREA

liad *hwn* (daliadau)
1. Mae ganddo ddaliadau crefyddol cryf iawn. BELIEF
2. Mae gan y Llyfrgell Genedlaethol ddaliadau cynhwysfawr ym maes llyfrau Cymraeg. HOLDING(S)

rn *hwn* (darnau) PART
darn cydrannol *os nad yw* 'darn' *yn addas* COMPONENT

rogan darogan y tywydd; darogan gwae TO PREDICT; TO FORECAST

rpar *a* DESIGNATE (*mae* 'darpar' *yn dod o flaen enw ac yn achosi treiglad*) darpar brif weithredwr

rpariaeth *hon* (darpariaethau) Rhaid cydnabod fod y ddarpariaeth yn y maes yn hollol annigonol. PROVISION

tgan Datgenir diddordeb gan y cadeirydd yn y mater nesaf ar yr agenda ac ni fydd yn cyfrannu at y drafodaeth. TO DECLARE

tganiad *hwn* (datganiadau) datganiadau addysg ar blant ag anghenion arbennig STATEMENT

wn *hon* (doniau) GIFT; TALENT

allusrwydd *hwn* profion deallusrwydd INTELLIGENCE

deddf *hon* (deddfau)
1. deddf gwlad LAW
2. ACT OF PARLIAMENT

defnyddiwr *hwn* (defnyddwyr) Cyngor Defnyddwyr Cymru CONSUMER

dehongli deddf ddehongli INTERPRETATION (ACT)

derbynfa *hon* (derbynfeydd) RECEPTION AREA

derbyniad *hwn* (derbyniadau)
1. Cafodd yr adroddiad dderbyniad ffafriol gan y pwyllgor. ACCEPTANCE; RECEPTION
2. Lansiwyd yr adroddiad mewn derbyniad gan y cadeirydd. RECEPTION

derbyniwr *hwn* (derbynwyr) CONSIGNEE

derbynneb *hon* (derbynebau) RECEIPT

derbynnydd *hwn* (derbynyddion) RECEPTIONIST

dethol *a* pwyllgor dethol SELECT

dewisol *a* grantiau dewisol DISCRETIONARY

diarddel Mae rheolau pendant iawn ynghlwm wrth ddiarddel plentyn o ysgol. TO EXPEL

dibennu Mae f'aelodaeth o'r A.A. wedi dibennu/darfod/dirwyn i ben. TO EXPIRE

dibrisiad *hwn* Yn achos cerbydau, rhaid sicrhau elfen o ddibrisiad bob blwyddyn yn y cyllid. DEPRECIATION

dibynnol *a* DEPENDENT
rhannol-ddibynnol PARTLY-DEPENDENT

dibynnydd *hwn* (dibynyddion) A yw hi yn ddibynnydd yn ôl ein diffiniad ni, ac felly yn gallu hawlio budd-dâl? DEPENDENT

diddymu Diddymir y stamp cyn i'r llythyr gyrraedd pen draw ei daith. *ond* Ni chynhelir y cyfarfod nos Fawrth nesaf. TO CANCEL; TO LIQUIDATE; TO RESCIND

difreinio Difreiniwyd Indiaid Gogledd America a chynfrodorion Awstralia o'u genedigaeth-fraint; maent yn llwythau difreintiedig. TO DEPRIVE

diffoddiadur *hwn* (diffoddiaduron) y teclyn EXTINGUISHER

diffoddwr

diffoddwr *hwn* (diffoddwyr) dyn tân
FIREMAN

diffyg *hwn* (diffygion) diffyg ariannol;
diffyg hyder SHORTFALL; LACK

digolledu Ni ddigolledir uwch-swyddogion
am unrhyw waith dros amser.
TO COMPENSATE

dilys *a* trwydded yrru ddilys VALID

dilysnod *hwn* (dilysnodau) dilysnod ar
lestr arian HALLMARK

dirprwy *a mae'n dod o flaen enw (ac yn
achosi Treiglad Meddal)* DEPUTY
dirprwy brifathro DEPUTY HEADMASTER

dirprwyo Os ydych chi'n mynd i wneud
cyfiawnder â'r dyletswyddau
ychwanegol bydd raid dirprwyo mwy
o'ch gwaith. TO DELEGATE

dirymu Dirymwyd ei drwydded i werthu
gwirod. TO REVOKE; TO INVALIDATE

diswyddo Cafodd ei ddiswyddo am ei
ymddygiad annerbyniol. TO SACK
ymddiswyddo TO RESIGN

diweddaru Mae'r taflenni amgaeedig yn
diweddaru'r rhai diwethaf a anfonwyd
atoch. TO UPDATE

disodli Disodlwyd y rheolau gwerthu
bwyd gan rai newydd o Ewrop.
TO SUPERSEDE

diwylliannol *a* hefyd **diwylliadol**
defnyddier 'diwylliannol' *mewn
cysylltiad ag adran neu bwyllgor
diwylliant.* CULTURAL

dogni Bu raid dogni petrol ar adegau o
brinder. TO RATION

doniau *gw.* **dawn**

dosraniad *hwn* (dosraniadau) dyraniad
ALLOCATION

dosranedig *a* Nid yw'r swm dosranedig
yn llawer mwy na £200. ALLOCATED

dryslyd *a* CONFUSED
dryslyd henoed MENTALLY INFIRM

dwyieitheg *hon* (astudiaeth o
ddwyieithrwydd) Mae'r adran addysg
yn arbenigo mewn dwyieitheg.

dwyieithog *a* ysgol ddwyieithog BILINGUAL

dwyieithrwydd *hwn* Polisi dwyieithrwydd
y sir yw'r unig bolisi ysgrifenedig ar
hyn o bryd. BILINGUALISM

dwyn *be* dwyn y gost; dug y gost; dygwn
ymlaen TO BEAR; TO CARRY
dwyn achos yn erbyn
TO TAKE PROCEEDINGS AGAINST

dwysedd *hwn* Gellir olrhain twf yn
nwysedd y boblogaeth i ddatblygiad
heolydd newydd, y traffyrdd yn
arbennig. DENSITY

dyddiedig *a* Ynglŷn â'ch llythyr yn
ddyddiedig Ionawr 8 . . . DATED

dyfais *hon* (dyfeisiadau)
GADGET; INVENTION

dyfarniad *hwn* (dyfarniadau)
1. dyfarniad llys barn JUDGEMENT
2. AWARD

dyfarnu is-bwyllgor dyfarnu TO AWARD

dyfynbris *hwn* Cyn cael grant, rhaid
derbyn dyfynbris gan o leiaf dri
chwmni. QUOTATION

dyg(af) *gw.* dwyn

dygiedydd *hwn* (dygiedyddion)
dygiedydd siec; dygiedydd pasport;
deiliad BEARER

dyled *hon* (dyledion) Mae ei ddyledion i'r
banc wedi dyblu mewn chwe mis.
DEBT

dyledeb *hon* (dyledebau) Bu Undeb
Rygbi Cymru yn gwerthu dyledebau i
dalu am y stadiwm genedlaethol.
DEBENTURE

dylunio O hyn ymlaen, dylunnir pob un o
gyhoeddiadau'r Cyngor gan ddylunydd
proffesiynol. TO DESIGN

dymchwel Dymchwelir unrhyw adeilad
newydd nad yw wedi derbyn caniatâd
cynllunio. TO DEMOLISH

dymunol *a* DESIRABLE
tra dymunol HIGHLY DESIRABLE

dynodi Torrwch eich enw yn y mannau a
ddynodir. TO IDENTIFY

dyraniad *hwn* (dyraniadau) Yr ydym yn
gobeithio am ddyraniad/dosraniad
uwch y flwyddyn nesaf. ALLOCATION

E

rydiaeth *hon* (efrydiaethau) STUDENTSHIP

feithiol *a* O wario digon o arian ar unrhyw beth gellir ei wneud yn effeithiol. EFFECTIVE

feithlon *a* Y system fwyaf effeithlon yw'r un sy'n cynhyrchu mwy, ond sy'n defnyddio llai o adnoddau na systemau cyffelyb eraill. EFFICIENT

wyddor *hon* (egwyddorion) Nid maint yr arian sy'n bwysig ond egwyddor y peth. PRINCIPLE

wyl *hon* egwyl de BREAK

ddo *hwn* Pwyllgor Eiddo ac Adnoddau PROPERTY

ch *hyn gw.* alch

io A oes rhywun yn barod i eilio'r cynnig? TO SECOND

steddle *hwn* (eisteddleoedd) Mae eisteddle'r clwb pêl-droed wedi methu prawf diogelwch y Frigâd Dân. STAND

thaf *a*
1. *Pan ddaw o flaen gair golyga* 'gweddol (dda)' eithaf rhesymol; *eithaf drud* QUITE
2. *pan ddaw ar ôl enw golyga* 'eithafol' eisteddodd ar ben eithaf y fainc; lleiafswm eithaf EXTREME; ABSOLUTE

thrio Mae rhai elusennau'n cael eu heithrio rhag talu Treth y Cyngor.

Ychydig o ysgolion sydd wedi penderfynu eithrio o ofal yr awdurdod. TO EXEMPT; TO OPT OUT

electroneg *hon* Mae'n bwriadu astudio electroneg yn y coleg. ELECTRONICS

electronig *a* Mae bocseidiau o gyfarpar electronig yn y cyntedd. ELECTRONIC

elfennol *a* symlaf, cyntaf; Rheolau elfennol iechyd a diogelwch; cysuron elfennol BASIC

elusen *hon* (elusennau) CHARITY
Comisiynwyr Elusen CHARITY COMMISSIONERS

elusengar *a* eiddo elusengar CHARITABLE (PROPERTY)

esgeuluster : esgeulustod *hwn* Mae pobl yn llawer iawn parotach i fynd i'r llys ag achos o esgeulustod nag y buon nhw. NEGLIGENCE

estyn Estynnir croeso cynnes i bawb sy'n mynychu'r cyfarfod am y tro cyntaf. TO EXTEND

ethol Etholwyd pob un o'r cadeiryddion o'r grŵp oedd â'r mwyafrif ar y Cyngor. TO ELECT

etholaeth *hon* (etholaethau) ELECTORAL DIVISION

ewyn *hwn* Mae'r mwg sy'n codi o ewyn plastig pan fydd yn llosgi yn wenwynig. FOAM

F

rtigol *a* bleindiau fertigol VERTICAL

Ff

acs *hwn* (ffacsiau) neges ffacs FAX

asiwn *hon* (ffasiynau) FASHION
sioe ffasiynau FASHION SHOW

atri *hon* (ffatrïoedd) FACTORY
ffatri barod ADVANCE FACTORY

ffeilio Ffeiliwch y papurau hyn imi, os gwelwch yn dda. TO FILE
ffi *hon* (ffioedd) FEE
ffôn *hwn* (ffonau) TELEPHONE
ffonio Ffoniwyd bob awr ar yr awr TO TELEPHONE

fforddfraint *hon* (fforddfreintiau) Mae'r cwmni trydan yn talu pum punt y flwyddyn o fforddfraint am y pyst trydan ar ein tir. WAYLEAVE

ffreutur *hwn* (ffreuturau) ffreutur ysgol neu neuadd; 'lle bwyd' neu 'cantîn' yn llai crand REFECTORY; CANTEEN

ffrwydryn *hwn* (ffrwydron) EXPLOSIVE
Deddf Oed Prynu Ffrwydron
EXPLOSIVES (AGE OF PURCHASE) ACT

ffynhonnell *hon* (ffynonellau) Y swyddo(hysbysrwydd yw ffynhonnell y stori. SOURCE

ffyniannus *a* Mae'n braf gweld fod y ganolfan yn ffyniannus unwaith eto. PROSPEROUS

G

gairbrosesu Pa system gairbrosesu ydych chi'n ei ddefnyddio ? WORDPROCESSING

galw O hyn ymlaen fe'i gelwir yn Gyngor Sir . . . Gelwir cyfarfod o'r gweithgor ar gyfer nos Fawrth nesaf. TO CALL gelwir; geilw
galw allan (e.e. ar adeg o dywydd gwael) CALL OUT

galwad *hon* (galwadau)
1. galwad ffôn A CALL
2. galwad i'r weinidogaeth A CALLING

galwedigaeth *hon* (galwedigaethau) VOCATION; PROFESSION
Y Galwedigaethau Gofal
THE CARING PROFESSIONS

gallu Rwy'n gallu cerdded i'r gwaith mewn chwarter awr. TO BE ABLE

gallu *hwn* (galluoedd) Mae ganddi'r gallu i gyfrif tair colofn o ffigurau ar y tro. ABILITY
gallu cymysg MIXED ABILITY

gefeilltref *hon* TWIN TOWN

geirda *hwn* A fyddech chi gystal ag anfon geirda ar fy rhan at y cyngor. REFERENCE

geilw *gw.* galw

generadur *hwn* (generaduron) generadur trydan GENERATOR

geriatreg *hon* yr wyddor a'r astudiaeth wyddonol GERIATRICS

geriatrig *a fel arfer mae defnyddio* 'henoed' *neu* 'henaint' *yn well* GERIATRIC

glanweithdra *hwn* hylendid. Mae rheolat glanweithdra mewn siopau bwyd yn llawer mwy llym nag y buont. HYGIENE

gloywi cwrs gloywi Cymraeg REFRESHER (COURSE)

glynyn *hwn* (glynion) sticer; Dim glynion! STICKER

gochelwch BEWARE

gofal *hwn* (gofalon) CARE
gofal cartref HOME CARE
gofal dwys INTENSIVE CARE
gofal strwythuredig
PROGRAMMED CARE
tan ofal C/O; IN THE CARE OF

gofalwr *hwn* (gofalwyr)
1. CARETAKER
2. y sawl sy'n gofalu; un sydd â gofal *yn well weithiau ar gyfer* CARER

gofynnol *a* Mae'n ofynnol eich bod yn y gwaith cyn naw o'r gloch; mae'n ofynnol yn ôl y gyfraith. BOUND; REQUIRED

gohebiaeth *hon* Atebir pob gohebiaeth cyn pen tri diwrnod a hynny yn iaith y gohebydd. CORRESPONDENCE

gohirio Gohiriwyd pob cyfarfod oherwydd yr eira. TO POSTPONE; TO DEFER

goramser *hwn* gweithio gormod o oramser OVERTIME

gorbenion *hyn* Un o wahaniaethau mawr siopau ynghanol y dref a'r rhai ar ei chyrion yw costau gorbenion. OVERHEADS

gorchymyn[1] *hwn* (gorchmynion) A COMMAND

rchymyn[2] Gorchmynnodd y tacsi i aros ar unwaith. TO COMMAND

rdreth *hon* Codir gordreth orfodol ar unrhyw wirod a fewnforir. SURCHARGE

rdyrru Cyfyngir ar nifer y nofwyr ar unrhyw un adeg er mwyn osgoi gordyrru. OVERCROWDING

rddrafft *hwn* Mae'r ferch yn cymryd gorddrafft y banc yn ganiatáol, gan dderbyn y bydd ei rhieni yn ei dalu yn ôl drosti. OVERDRAFT

regnïol plentyn goregnïol HYPERACTIVE

rfodol *a* COMPULSORY; MANDATORY
gorchymyn prynu gorfodol
COMPULSORY PURCHASE ORDER

rlifiad *hwn* gorlifiad trefol
(URBAN) SPRAWL

rlwytho Ar adegau oeraf y gaeaf mae yna berygl gorlwytho'r system trydan. TO OVERBURDEN

roesi Tybed a fydd y llywodraeth yn gallu goroesi pleidlais arall o ddiffyg hyder ynddyn nhw? TO SURVIVE

ruchwylio Os oes aelodau o staff wedi derbyn swyddi ar yr amod eu bod yn mynd ati i ddysgu'r iaith, rhaid wrth system i oruchwylio eu bod yn gwneud hyn. TO MONITOR

sod TO PLACE; TO FIT

sodyn *hwn* (gosodion) FITTING; FIXTURE
dodrefn a gosodion
FURNITURE AND FITTINGS

addfa *hon* (graddfeydd) graddfa log; graddfa fenthyg RATE; SCALE

addoli Graddolir pob swydd newydd yn ôl canllawiau'r cyngor sir newydd. TO GRADE

ant *hwn* (grantiau) GRANT
grant bloc BLOCK GRANT

vahanbwynt *hwn* (gwahanbwyntiau) Disgwylir i staff ennill cymhwyster proffesiynol cyn croesi'r gwahanbwynt. BAR (SALARY SCALE)

vahardd *be* Gwaherddir hyrwyddo mudiadau hiliol o fewn adeiladau'r cyngor TO BAN; TO EXCLUDE

gwaharddeb *hon* PROHIBITION ORDER

gwaharddiad *hwn* (gwaharddiadau) Derbyniodd waharddiad chwe mis. Cafodd ei wahardd am chwe mis *yn well*. (A) BAN

gwarannau *hyn* cyfranddaliadau a gwarannau'r llywodraeth SECURITIES

gwarant *hon* gwarant yn erbyn colled GUARANTEE; VOUCHER

gwarcheidwad *hwn* (gwarcheidwaid) GUARDIAN

gwarged *hwn* Os ceir unrhyw warged ariannol ar ddiwedd y flwyddyn mae'n cael ei gadw'n ganolog at y flwyddyn nesaf. SURPLUS

gwariant *hwn* (gwariannau) gwariant mwy nag incwm = diflastod EXPENDITURE

gwasanaeth *hwn* (gwasanaethau) SERVICE
gwasanaeth boreol (eglwys neu fysiau) MORNING SERVICE
gwasanaeth cynnal cartref
HOME SUPPORT SERVICE
Gwasanaeth Llyfrgell
LIBRARY SERVICE
Gwasanaethau Cymdeithasol
SOCIAL SERVICES

gwasgedd *hwn* gwasgedd awyr *ond* pwysedd gwaed PRESSURE

gwastad *a*
1. praesept wastad FLAT
2. yn wastad CONTINUOUS

gweddill *hwn* Ar ddiwedd y flwyddyn ariannol roedd gennym weddill o £37,000 BALANCE

gweddillion REMAINS *nid* BALANCES

gweinyddiad *hwn* natur neu gymeriad y broses o weinyddu Roedd yr adran yn llewyrchus iawn o dan ei gweinyddiad hi. ADMINISTRATION

gweinyddiaeth *hon* y broses o weinyddu Pwy sy'n gyfrifol am weinyddiaeth yr adran? ADMINISTRATION

gweithfan *hwn* (gweithfannau)
WORKSTATION

gweithgor *hwn* (gweithgorau) Sefydlwyd dau weithgor, y naill i edrych ar ariannu'r prosiect a'r llall ar oblygiadau cymdeithasol y gwaith. WORKING PARTY

gweithlu *hwn* Mae canran uwch o weinyddwyr o fewn y gweithlu yn awr nag a fu erioed. WORKFORCE

gweithred *hon* (gweithredoedd)
1. Wrth eu gweithredoedd y'u hadwaenir hwy. DEED
2. Cofiwch ddod â'r gweithredoedd eiddo gennych. (LEGAL) DEED

gweithredol *a*
1 A ydyw'n gynllun gweithredol eto neu rywbeth ar bapur yn unig? FUNCTIONAL; WORKING
2. 'swyddog gweithredol' *ond efallai* 'swyddog dros dro' *yn well* ACTING

gweledol *a* y celfyddydau gweledol VISUAL

gwenwynig *a* gwastraff gwenwynig TOXIC

gwirio ystyrier 'edrych ar', 'bwrw golwg' er 'archwilio' Rhaid i ddau berson wirio'r ffigurau yn fanwl cyn eu cyflwyno i bwyllgor. TO CHECK

gwladol *a*
Gwasanaeth Iechyd Gwladol
NATIONAL HEALTH SERVICE
Ysgrifennydd Gwladol
SECRETARY OF STATE

gwneuthuriad *hwn* Beth oedd gwneuthuriad y car? MAKE

gwrthbwyso Rhaid gwrthbwyso cwtogi a yr oriau agor trwy gynnig gwell gwasanaeth yn ystod yr oriau agor. TO COUNTERBALACE; TO COUNTERACT

gwrthsafiad *hwn* (gwrthsafiadau) Mae cryn wrthsafiad yn erbyn cau'r ysbyty ymhlith y gweithlu. RESISTENCE

gwrthweithio Rwy'n gobeithio y bydd y cynnydd yn ein hincwm yn gwrthweithio yn erbyn y toriadau yn y cyllid refeniw. TO COUNTER

gwybodaeth *hon* yr wybodaeth
KNOWLEDGE; INFORMATION
technoleg gwybodaeth
INFORMATION TECHNOLOGY

gwyddfa *hon* (gwyddfeydd) gardd goed ARBORETUM

gŵyl *hon* (gwyliau) HOLIDAY; HOLY DAY
Gŵyl Dewi; Gŵyl Ddewi
ST. DAVID'S DAY

gwŷs *hon* Derbyniodd wŷs am barcio o flaen mynedfa'r heddlu. SUMMONS

gyrfa *hon* (gyrfaoedd) CAREER
cynhadledd yrfaoedd
CAREERS CONVENTION
gwasanaeth gyrfaoedd
CAREERS SERVICE

H

halogi Halogwyd dŵr yr afon gan gemegolion o'r burfa olew.
TO CONTAMINATE

hamdden *hwn* canolfan hamdden; oriau hamdden; pwyllgor hamdden LEISURE

harddu Harddwyd diwyg yr adroddiad trwy ddefnyddio graffiau lliwgar.
TO ENHANCE

hawlen *hon* (hawlenni) hawlen bysgota FISHING PERMIT

hawlfraint *hon* (hawlfreintiau) Gofalwch eich bod yn clirio hawlfraint unrhyw lun yr ydych chi'n ei ddefnyddio yn yr adroddiad. COPYRIGHT

hawliad *hwn* (hawliadau) term technegol, defnyddier 'hawlio' *lle mae'n bosibl*
DEMAND
hawliad treth RATE DEMAND

hawliwr *hwn* (hawlwyr) Disgwylir i hawliwr gwblhau tri chopi o'r ffurflenni amgaeedig. CLAIMANT

hebrwng Hebryngodd y plant i'r ysgol.
TO ESCORT

hebryngwr *hwn* (hebryngwyr) ESCORT
hebryngwr lletya BILLETING ESCORT
hebryngwr plant ysgol SCHOOL
CROSSING PATROL

heini *a* cadw'n heini FIT

neb *hon* (henebion) Comisiwn Henebion ANCIENT MONUMENT

noed *hyn* THE ELDERLY
   yr henoed dryslyd
   THE ELDERLY MENTALLY INFIRM
   yr henoed ffwndrus
   THE CONFUSED ELDERLY

dlydd *hwn* (hidlyddion) hidlydd coffi FILTER

nanarlwy cwrs hunanarlwy SELF-CATERING

naniaeth *hon* hunaniaeth y Cymry IDENTITY

r-bwrcas *hwn* Nid oedd gennyf ddigon o arian ar y pryd ond fe dalais amdano trwy gynllun hur-bwrcas. HIRE PURCHASE

wylusydd *hwn* (hwyluswyr) FACILITATOR

blyg *a* oriau hyblyg FLEXIBLE

blygrwydd *hwn* Tra bo cwmnïau preifat sy'n tendro am waith yn cael mwy o hyblygrwydd ariannol, mae'r ffyrdd y mae'r Cyngor yn cael gweithredu yn cael eu cyfyngu'n llym. FLEXIBILITY

hyfforddai *hwn* Un canlyniad i'r holl doriadau yw na fydd gennym hyfforddai y flwyddyn nesaf. TRAINEE

hyfforddiant *hwn* hyfforddiant mewn swydd TRAINING

hygyrch *a* Pa mor hygyrch yw gwybodaeth am dwristiaeth ar y rhyng-rwyd. ACCESSIBLE

hygyrchedd *hwn* Mae hygyrchedd yn elfen holl bwysig os ydym yn mynd i gyrraedd y cyhoedd. ACCESSIBILITY

hylendid *hwn* HYGIENE

hyrwyddo Ein gwaith ni yw hyrwyddo rhagoriaeth ym mhob agwedd o waith y Cyngor. TO PROMOTE

hysbysiad *hwn* (hysbysiadau) Derbyniais hysbysiad ddoe fod fy ngwaith yn cael ei symud i Gaerdydd. NOTIFICATION

I

chlendid *hwn* SANITATION
   glanweithdra : hylendid HYGIENE

u clerc iau JUNIOR

wndal *hwn* (iawndaliadau) Mae ceisiadau am iawndal gan aelodau o'r cyhoedd sy'n baglu ar ddarnau anwastad o'r pafin wedi cynyddu'n aruthrol. COMPENSATION

chyd *hwn* iechyd meddwl MENTAL HEALTH

imprest *hwn* cyfrif imprest IMPREST

isadeilaeth/isadeiledd *hon* Heb isadeilaeth briodol o ffyrdd a chyfathrebiaeth, mae'n anodd denu diwydiant newydd i'r ardal. INFRASTRUCTURE

is-ddeddf *hon* (is-ddeddfau) Oni bai am is-ddeddfau'r llyfrgell, ni fuaswn byth wedi gallu cael y bobl yna allan. BYE-LAW

L

tri *hon* (lotrïau) Y lotri genedlaethol LOTTERY

llafar

llafar *a* llyfr llafar; cyflwyno adroddiad ar lafar VERBAL; TALKING (BOOK)

llain *hon* (lleiniau) llain o dir ar werth PLOT

llaw *hon* (dwylo) gwaith llaw MANUAL

llawdriniaeth *hon* Rwy'n gorfod mynd i'r ysbyty am lawdriniaeth ddydd Llun. OPERATION

llawlyfr *hwn* (llawlyfrau) Mae'r llawlyfr sy'n dod gyda'r cyfrifiadur yn annealladwy. MANUAL

llawn *a* FULL *Pan ddaw o flaen gair yn golygu* 'llawn o' *nid oes treiglad* Roedd ei theipio yn llawn gwallau. *Pan olyga* 'eithaf' *mae yna dreiglad* Nid yw hi wedi cyrraedd ei llawn botensial fel gweinyddwraig eto.

llechres *hon* (llechresi) Cyn cwblhau ad-drefnu, rhaid darparu llechres o gelfi er mwyn gwybod beth i'w drosglwyddo i'r awdurdodau newydd. INVENTORY

lleoliad *hwn* (lleoliadau) Rhaid ceisio dod o hyd i leoliad derbyniol ar gyfer safle sipsiwn newydd. LOCATION

llesiant *hwn* (llesiannau) llesiant gwaith o'r math yma BENEFIT

llesteirio Rhaid peidio â gadael i beth bach fel hyn lesteirio ein cynlluniau tymor hir. TO INHIBIT

lletya TO BILLET; TO ACCOMMODATE
hebryngwr lletya BILLETING ESCORT
swyddog lletya BILLETING OFFICER; ACCOMMODATION OFFICER

llif *hwn* (llifogydd)
llif trafnidiaeth CURRENT; FLOW
llifogydd FLOODS

llinelledd *hwn* LINEARITY

lliniaru Mawr obeithir y bydd y Swyddfa Gymreig yn cynnig cymorth i liniaru ar

y cynnydd sylweddol yn Nhreth y Cyngor yn dilyn yr ad-drefnu. TO DAMPEN

llithrfa *hon* (llithrfeydd) bad achub yn rhuthro i lawr y llithrfa SLIPWAY

llithriad *hwn* (llithriadau) llithriad cyllid (FINANCIAL) SLIPPAGE

lloches *hon* (llochesau) lloches fenywod SHELTER

lloeren *hon* (lloerennau) teledu lloeren SATELLITE

llofnodi torri enw TO SIGN

llog *hwn* (llogau) Mae'r llog ar gyfalaf yn uchel tu hwnt. INTEREST

lluniadu lluniadu technegol TECHNICAL DRAWING

llwybr llygad/tarw SHORT CUT

llwyddo llwyddo mewn arholiad TO PASS AN EXAMINATION

llwyfan *hwn* (llwyfannau) STAGE
llwyfan olew OIL RIG

llyffetheirio Un o effeithiau llunio grwpiau gwleidyddol yw llyffetheirio aelodau unigol mewn cyfarfodydd llawn o'r cyngor. TO FETTER

llygredd *hwn* Os na ddechreuwn chwilio am atebion i broblemau llygredd y byd, fe wnawn ni foddi yn ein carthion ein hunain. POLLUTION

llygryn *hwn* un darn o lygredd EXTRANEOUS MATTER

llythrennedd *hwn* LITERACY
llythrennedd oedolion ADULT LITERACY

llywodraethwr *hwn* (llywodraethwyr) GOVERNOR
llywodraethwr ysgol SCHOOL GOVERNOR

M

aeth *hwn*
1. NUTRITION
2. *ansoddair* rhieni maeth; brawd maeth; chwaer faeth FOSTER

aethu
1. TO BOARD OUT
2. TO FOSTER

lwfans maethu
BOARDING OUT ALLOWANCE

alltod *hwn* malltod cynllunio BLIGHT
rhybudd malltod BLIGHT NOTICE

amolaeth *hon* absenoldeb mamolaeth
MATERNITY (LEAVE)

ân weithiau cyfalaf ar gyfer mân weithiau MINOR WORKS (CAPITAL)

antolen *hon* (mantolenni) Mae'r fantolen yn dangos colled o £3,000.
BALANCE SHEET

anyleb *hon* (manylebau) Wrth fynd i'r maes tendro cystadleuol y mae'n bwysig ofnadwy medru llunio manylebau cynhwysfawr. SPECIFICATION

asnacholi Wrth orfodi tendro cystadleuol ar adrannau, y canlyniad yw masnacholi gwasanaethau gan golli'r hen syniadau o alwedigaeth a gwasanaeth. TO COMMERCIALISE

ecanic *hwn* Mae Dai a John yn ddau fecanic da iawn. MECHANIC

eddalwedd *hwn* Gyda phwysigrwydd cynyddol cyfrifiaduron yn y gweithle, mae'n bwysig cael meddalwedd sy'n parchu teithi'r Gymraeg, e.e. trefn yr wyddor Gymraeg a'r defnydd o acenion. SOFTWARE
meddalwedd teledu TELESOFTWARE

enter *hon* (mentrau) ENTERPRISE
Ardal Fenter ENTERPRISE ZONE
Parc Menter a Busnes
BUSINESS AND ENTERPRISE PARK

entrwr *hwn* (mentrwyr) Y gri barhaus yw fod angen mwy o fentrwyr Cymraeg. ENTREPRENEUR

erlota PONY TREKKING

mesur[1] : **mesuriad** *hwn* (mesurau)
1 Beth yw mesur y wal o'r to i'r llawr?
MEASUREMENT
2 Mae'n bwriadu awgrymu mesur o hunanlywodraeth i Gymru. MEASURE
3 Mae'r mesur ar ei ffordd trwy Dŷ'r Arglwyddi. BILL

mesur[2] Mesurwch y llenni. TO MEASURE

mesuregol *a* yn ymwneud â phwysau a mesurau METROLOGICAL

meteorolegol yn ymwneud â'r tywydd
METEOROLOGICAL

metrolegol yn ymwneud â mesur maint a phwysau METROLOGICAL

methdaliad *hwn* (methdaliadau)
Mae methdaliad/nifer y methdalwyr ar gynnydd yn ystod y dirwasgiad presennol. BANKRUPTCY

methdalwr *hwn* (methdalwyr) Adroddwyd bod y cwmni wedi mynd yn fethdalwyr. (*methu talu ffordd*) (A) BANKRUPT

mewnbwn *hwn* Mae'n cael ei ddefnyddio yng nghyd-destun systemau peirianyddol neu gyfrifiadurol yn bennaf. INPUT

mewnfudo IMMIGRATION; IN-MIGRATION

microelectroneg *hon* y diwydiant llunio dyfeisiadau microelectronig
MICROELECTRONICS

microelectronig *a* cyfrifiannell microelectronig MICROELECTRONIC

monopoli *hwn* (monopolïau) Paham nad oes mwy nag un Comisiwn Monopolïau? MONOPOLY

mwynderau hyn mwy nag un **amwynder** *neu* '**mwynder**' AMENITIES

mwyngloddio Gwaherddir mwyngloddio ar y mynydd hwn. MINERAL EXTRACTION

mynedfa *hon* (mynedfeydd) Ewch drwy'r fynedfa a throwch i'r dde. ENTRANCE

mynediad *hwn* ENTRY
mynediad am ddim ENTRANCE FREE
mynediad i ymweld yn unig
NO ENTRY EXCEPT FOR ACCESS

mynegai *hwn* (mynegeion) INDEX

N

nam *hwn* (namau) FLAW
(â) nam meddyliol
MENTALLY DEFECTIVE

namyn LESS
cant namyn un 99

nawdd *hwn* Yr ydym yn gobeithio denu
nawdd un o'r cwmnïau olew.
SPONSORSHIP

negesydd *hwn* (negeswyr) un sy'n cludo
llythyrau etc. COURIER; MESSENGER
(gw. tywysydd)

newid[1] *hwn* (newidiadau) newidiadau
llywodraeth leol CHANGE

mân newid PETTY CASH
newid mân SMALL CHANGE
newid[2] Newidiwyd y rheolau yn ymwnea
â darparu cyfrifon blynyddol.
TO CHANGE
newid defnydd CHANGE OF USE

norm *hwn* Dyna'r raddfa gyflog sy'n nor
yn y parthau hyn. NORM

nwyddau *hyn* FREIGHT; GOODS
cerbyd nwyddau trwm
HEAVY GOODS VEHICLE
swyddog nwyddau
COMMODITY OFFICER

nwyddyn *hwn* (nwyddau) COMMODITY

O

ochroliaeth *hon* LATERALITY

offeryn *hwn* (offerynnau) INSTRUMENT
offeryn rheoli
INSTRUMENT OF MANAGEMENT

olewfa *hon* (olewfeydd) olewfeydd Môr y
Gogledd OIL INSTALLATION

ôl-ofal *hwn* Un peth yw derbyn triniaeth
lawfeddygol lwyddiannus, ond mae'n
bwysig fod yr ôl-ofal yn dda hefyd.
AFTER-CARE

ôl-weithredol *a* cosb ôl-weithredol
RETROSPECTIVE

P

pared *hwn* (parwydydd) PARTITION; WALL
pared môr GROYNE

parôl *hwn* Mae ef allan yn gynnar, ar
barôl. PAROLE

parth *hwn* (parthau) AREA; DISTRICT
parthau adeiledig BUILT-UP AREAS

parwydydd *gw.* **pared**

pecyn *hwn* (pecynnau) PACKET; PACK
pecyn swigen BLISTER PACK

peirianneg *hon* Mae ganddi radd mewn
peirianneg. ENGINEERING

peiriannydd *hwn* (peirianwyr) ENGINEER

pellreoli peiriant pellreoli
(TO) REMOTE CONTROL

pen- CHIEF; PRINCIPAL *Nid yw'n achosi
Treiglad Meddal fel* 'prif' pencampwr;
pencerdd

pencadlys *hwn* H.Q.

pencynllun *hwn* MASTER PLAN

pendilio Mae barn y cynghorwyr yn
pendilio o'r naill begwn i'r llall.
TO SWING

pennaeth *hwn* (penaethiaid) *Defnyddier
hwn yn lle* 'prifathro/prifathrawes' *er
mwyn osgoi gwahaniaethu ar sail
rhyw* HEAD; CHIEF
pennaeth y cyfrifwyr
CHIEF ACCOUNTANT

pennawd *hwn* (penawdau) O dan pa
bennawd yn y cyllid y mae arian
hyfforddi staff? HEADING

pennu Pennir lefel Treth y Cyngor mewn
cyfarfod arbennig o'r cyngor llawn.
TO DETERMINE

pensiwn *hwn* (pensiynau) cynllun
pensiwn PENSION

siynadwy *a* A yw fy mlynyddoedd gwasanaeth yn y fyddin yn bensiynadwy? PENSIONABLE

chenogaeth *hon* OWNERSHIP; POSSESSION

lysieuydd *hwn* HERBALIST

thnasedd *hwn* Rwy'n methu gweld perthnasedd ei ddadl. RELEVANCE

idlais *hon* (pleidleisiau) Byddai'n well gennyf pe baem ni'n gallu cyrraedd cytundeb heb orfod bwrw pleidlais. VOTE

pleidlais fwrw CASTING VOTE

idleisio Pleidleisiwyd o blaid y cynnig gyda mwyafrif o ddeg o bleidleisiau. TO VOTE

en *hon* (plu)
1. FEATHER
2. plu eira; plu sebon FLAKES

gydd *hwn* Estynna blygydd imi i gadw'r papurau hyn ynddo. FOLDER

lisi *hwn* (polisïau) POLICY

nc *hon* (ponciau) BANK
ponc arafu RAMP

aesept *hwn* (praeseptau) Mae hawl gan gyngor bro osod praesept ar gyfer trethi. PRECEPT

awf *hwn* (profion) TEST
ar brawf ON PROBATION
prawf anadl BREATHALYSER
prawf cyfoeth MEANS TEST
prawf gyrru DRIVING TEST

emiwm *hwn* (premiymau) Pan fo prinder o rywbeth yn aml rhaid talu premiwm amdano. PREMIUM

preswyliaeth *hwn* Beth yw canran preswyliaeth y tai newydd yn y cwm? daliadaeth OCCUPANCY

preswyliwr *hwn* (preswylwyr) Faint o breswylwyr parhaol a faint o breswylwyr dros dro sydd yn y cartref? Preswylwyr dros dro ydym ni i gyd, syr .RESIDENT

pridiant *hwn* (pridiannau) LAND CHARGE

prif *a* daw o flaen gair gan achosi Treiglad Meddal CAPITAL; CHIEF
prifddinas CAPITAL CITY
prif gwnstabl CHIEF CONSTABLE

prifion prifion nwy, trydan a dŵr MAINS

priodoldeb *hwn* Cyn mynd ati i ddechrau gwario arian ar y cynllun, rhaid sicrhau ei briodoldeb yn gyntaf. DESIRABILITY

pris *hwn* (prisiau)
1 Gorchymyn Nodi Prisiau PRICE
2. CHARGE

prisio Mae'r swyddog stadau wedi prisio'r tir yn ddwy fil yr erw. TO VALUE

pryd *hwn* (prydau) MEAL
pryd ar glud MEALS ON WHEELS

prydles *hon* Mae talu prydles am adeilad neu gerbyd yn golygu rhannu costau dros nifer o flynyddoedd. TO LEASE

purfa *hon* (purfeydd) purfa olew REFINERY

pwysedd *hwn* pwysedd gwaed;,*ond* gwasgedd aer PRESSURE

pysgodfa *hon* (pysgodfeydd) Wrth i longau fedru dal mwy a mwy o bysgod, mae pysgodfeydd Môr y Gogledd yn graddol ddiflannu. FISHING GROUND; FISHERY

R

feniw *hwn* Un o broblemau derbyn grant cyfalaf tuag at godi adeilad newydd, yw'r goblygiadau refeniw o redeg y lle ar ôl hynny. REVENUE

mandio Mae'r nifer cynyddol o bobl ifainc sy'n cael eu remandio i'r carchar yn gosod straen ar y system. TO REMAND

rôl *hon* (rolau) *ar y cyfan mae* 'swyddogaeth' *yn well.* Mae'n bwysig fod pawb yn glir beth yw rôl y prifathro a rôl y llywodraethwyr o fewn y gyfundrefn addysg newydd. ROLE

rhagamcanion

rhagamcanion *hyn* Ar sail y rhagamcanion, fe ddylen ni fwrw ymlaen â chynllun arbrofol o leiaf. PROJECTED FIGURES

rhagchwilio Defnyddiwyd hofrenyddion i ragchwilio'r tir cyn anfon milwyr i mewn. TO RECONNOITRE; RECONNAISSANCE

rhagfarn *hon* (rhagfarnau) Mae'n haws adnabod rhagfarnau pobl eraill na'n rhagfarnau ein hunain. PREJUDICE **rhagfarn hiliol** RACIAL PREJUDICE

rhagofal *hwn* (rhagofalon) A yw'r rhagofalon priodol mewn lle? PRECAUTION **cyfnod rhagofal** PRECAUTIONARY PERIOD

rhagolwg *hwn* (rhagolygon) Nid yw'r rhagolygon ariannol yn rhy addawol. OUTLOOK; FORECAST

rheolaeth *hon*
1. Collodd bob rheolaeth arno ei hun yng ngwres y dadlau CONTROL
2. Yr ydym wedi mabwysiadu system reolaeth 'Y Madarch'—cadwch bawb yn y tywyllwch, ac yna bob hyn a hyn arllwyswch lwyth o dom drostyn nhw. MANAGEMENT **technoleg dylunio rheolaeth** CONTROL DESIGN TECHNOLOGY

Rh

rheoledig *a* CONTROLLED **gorlifiant rheoledig** CONTROLLED DISCHARGE **ysgol gynradd reoledig** CONTROLLED PRIMARY SCHOOL

rheoli TO CONTROL; TO MANAGE **uned reoli** CONTROL (GROUP)

rheoliad *hwn* (rheoliadau) Mae rheoliadau tyn iawn ynghlwm wrth yr holl broses o fenthyca arian. REGULATION

rheolwr *hwn* (rheolwyr) MANAGER; CONTROLLER **rheolwr gyfarwyddwr** MANAGING DIRECTOR

rheolwraig *hon* (rheolwyr) MANAGER; CONTROLLER

rhestredig adeilad rhestredig LISTED BUILDING

rhifedd *hwn* Rhifedd a llythrennedd yw dau gonglfaen addysg. NUMERACY

rhodfa *hon* (rhodfeydd) FOOTWAY; WALK; PROMENADE

rhwymydd *hwn* (rhwymyddion) teclyn rhwymo BINDER

rhyddarbed O dan y polisi yma yr ydych yn cael eich rhyddarbed rhag unrhyw golled. TO INDEMNIFY

S

rhyddfraint *hon* (rhyddfreiniau) FREEHOLD **prynu rhyddfraint** FREEHOLD PURCHASE

safle *hwn* (safleoedd) A ydyn nhw wedi penderfynu ar safle'r ysgol newydd eto? Beth yw ei safle yn yr hierarchiaeth ar ôl yr ad-drefnu? SITE; POSITION

safonwr *hwn* (safonwyr) Penodwyd ef yn safonwr ar gyfer arholiadau TGAU STANDARDISER

salwch *hwn* salwch meddwl (MENTAL) ILLNESS

sbwriel *hwn* biniau sbwriel LITTER

secondio Mae dau athro wedi cael eu secondio i'r archifdy am dymor TO SECOND

sefydledig *a* Ystyrier a ellir defnyddio 'cydnabyddedig ESTABLISHED **Tystysgrif Defnydd Sefydledig** ESTABLISHED USE CERTIFICATE

sefydlog *a* offer sefydlog FIXED

sefydlogi Mae'n bwysig fod y sefyllfa wleidyddol yn sefydlogi cyn y gallwn ystyried ymweld â'r wlad. TO STABILISE

ur *a* ffatrïoedd yn gorwedd yn segur; gweithwyr segur REDUNDANT; IDLE

nydd *hwn* (seinyddion) BLEEPER
uchelseinydd LOUDSPEAKER; TANNOY
uwchseinydd LOUDSPEAKER

hon Mae sêl swyddogol y palas arno. SEAL
sêl bendith SEAL OF APPROVAL

rtredig *a* Mae'r swyddi canlynol yn gyfyngedig i lyfrgellwyr siartredig. CHARTERED

c *hon* (sieciau) CHEQUE
llyfr sieciau CHEQUE BOOK
siec ddygiedydd BEARER CHEQUE

san *a* Mae'r holl gynllun wedi'i godi ar seiliau simsan. UNSTABLE

ffio Y lefel staffio fydd y peth cyntaf i ddioddef yn y rownd nesaf o doriadau. TO STAFF; MANNING; ESTABLISHMENT

tudol *a* Yn dilyn Deddf Llywodraeth Leol (Cymru) 1994 mae darparu cynllun i gadw archifau'r cyngor sir yn ofyniad statudol. STATUTORY

ategaeth *hon* ffordd o fynd ati i gyrraedd nod neu fwriad STRATEGY

stribedog datblygu stribedog ar hyd llawr y cwm RIBBON (DEVELOPMENT)

switsfwrdd *hwn* Mewn system rheoli amgen, y person ar y switsfwrdd fyddai'n derbyn y cyflog uchaf, oherwydd dyma'r person sy'n rhoi'r argraff gyntaf am eich cwmni. SWITCHBOARD

swmp *hwn* BULK
swmp brynu BULK BUYING
swmp gludo BULK HAULAGE

swp *hwn* (sypiau) swp o dderbynebau BATCH; PILE

swyddfa *hon* (swyddfeydd) OFFICE; BUREAU
swyddfa alw caller office

swyddog *hwn* (swyddogion) OFFICER

swyddogaeth *hon gwell gair na* 'rôl' ROLE

sylfaen *hon* (sylfeini) FOUNDATION

sylfaenol *a* wrth wraidd; cynllun gofynion sylfaenol BASIC

symudedd *hwn* swyddog symudedd; lwfans symudedd MOBILITY

synhwyrydd *hwn* (synwyryddion) synhwyrydd mwg DETECTOR

T

nlen *hon* (taenlenni) (A) SPREADSHEET

nlennu Rwy'n mynd i daenlennu'r wybodaeth er mwyn medru amseru'r prosiect. TO PUT ON A SPREADSHEET

unydd *hwn* PROJECTOR
uwchdaflunydd OVERHEAD PROJECTOR

fa *hon* tagfa draffig CHOKING; BOTTLENECK

iant *hwn* tagiant traffig CONGESTION

hwn (taliadau) tâl mynediad; tâl benthyca CHARGE

adwy *a* Gwnewch y siec yn daladwy i'r cyngor sir. PAYABLE

eithiol cyngor taleithiol PROVINCIAL COUNCIL

fyriad *hwn* (talfyriadau) e.e. Bnwr; ABBREVIATION

talgrynnu TO ROUND OFF
talgrynnu i fyny TO ROUND UP
talgrynnu i lawr TO ROUND DOWN

tanwydd *hwn* costau tanwydd FUEL

tanysgrifennu Mae Cyngor y Celfyddydau wedi addo tanysgrifennu unrhyw golled ar y noson. TO UNDERWRITE

technoleg gwybodaeth Mae'r Uwch Drafffordd Wybodaeth; y We Fyd-eang a'r CDRom i gyd yn rhan o'r maes technoleg gwybodaeth INFORMATION TECHNOLOGY; I.T.

teilyngdod *a* tystysgrif deilyngdod CERTIFICATE OF MERIT

teipydd *hwn* teipyddes *hon* (teipyddion; teipyddesau) TYPIST

teithiol *a* athrawon teithiol; llyfrgell deithiol PERIPATETIC; MOBILE (cf symudol)

teithlen *hon* (teithlenni) teithlen gyrrwr LOG SHEET

telathrebu TELECOMMUNICATIONS

telefesuro TELEMETERING

teletestun *hwn* Ceefax ac Oracle yw enwau ar ddau system teletestun. TELETEXT

tendar *hwn* tendar injan dân TENDER

tendr *hwn* (tendrau) TENDER
tendr pris dilys BONA FIDE TENDER
tendrau cyfresol SERIAL TENDERS

tendro TO TENDER
tendro agored OPEN TENDERING
tendro cystadleuol COMPETITIVE TENDERING

terfyn *hwn* (terfynau) BOUNDARY
clawdd terfyn BOUNDARY
wal derfyn BOUNDARY WALL

terfynell *hon* (terfynellau) Sawl terfynell gyfrifiadur sydd gennych yn y llyfrgell? TERMINAL

tiriogaethol *a* y fyddin diriogaethol TERRITORIAL

tirlun *hwn* darlun LANDSCAPE (PAINTING)

tirwedd *hon* siâp y tir LANDSCAPE

tollau *hyn* swyddog tollau CUSTOMS (OFFICER)

tor *hwn* BREAK
tor-rheolaeth BREACH OF CONTROLS

toriad *hwn* (toriadau) Blwyddyn arall o doriadau sydd o'n blaenau eto. CUT

torri
torri'r ddadl TO SETTLE THE ARGUMENT

traffordd *hon* (traffyrdd) y draffordd M4 MOTORWAY

tramffordd *hon* TRAMWAY

traphont *hon* VIADUCT

traul *hon* WEAR AND TEAR
ar draul Prynwyd system cyfrifiadurol newydd ar draul rhagor o lyfrau newydd AT THE EXPENSE OF

trawsdderbynnydd *hwn* TRANSCEIVER

trawsgludiad *hwn* term cyfreithiol CONVEYANCING
gweithred drawsgludiad DEED OF CONVEYANCE

trawsgludwyr *hyn* TRANSPORTERS

trawsyriant *hwn* trawsyriant car CAR TRANSMISSION

trefnus BUSINESSLIKE; ORDERLY

trefnydd *hwn* (trefnyddion) trefnydd cymorth cartref HOME HELP ORGANISE

treftadaeth *hon* Ysgrifennydd yr Adran Dreftadaeth HERITAGE

trefwedd *hon* TOWNSCAPE

treigl *hwn* treigl yr amserau; treigl ariannol ROLL OVER

treth *hon* (trethi) treth y cyngor COUNCIL TAX

treuliau *hyn* Telir treuliau rhesymol. EXPENSES

tribiwnlys *hwn* tribiwnlys diwydiannol INDUSTRIAL TRIBUNAL

triwantiaeth *hwn* Mae lefel triwantiaeth ymhlith plant ysgolion cynradd yn dechrau lleihau. TRUANCY

troad *hwn* (troadau) troad y ganrif TURN
gyda'r troad/gyda throad y post Anfonwch eich ateb gyda'r troad BY RETURN

trosglwyddiad *hwn* Yr hawl i symud aria o un pennawd yn y gyllideb i bennawe arall. VIREMENT; TRANSFERRAL

trosiant *hwn* Mae gan y cwmni drosiant filiwn a hanner o bunnau y flwyddyn. TURNOVER

trwyddair *hwn* (trwyddeiriau) Rhaid newid trwyddair mynediad i'r cyfrifiadur bob mis. PASSWORD; CODE WORD

trydaneg *hon* ELECTRICAL ENGINEERING

trydyddol *a* coleg trydyddol TERTIARY

trylowder *hwn* (tryloywderau) tryloywderau ar gyfer uwch-daflunydd TRANSPARENCY

twyll *hwn* Mae twyll cyfrifiadurol yn broblem gynyddol i fanciau. FRAUD; DECEPTION

iedig *a* swm tybiedig o arian NOTIONAL

tio Tystiaf fod yr wybodaeth amgaeedig yn gywir. TO CERTIFY; TO TESTIFY

tlofnodi Bydd angen i'ch gwraig dystlofnodi gwaelod y ffurflen. TO COUNTERSIGN

tystysgrif *hon* (tystysgrifau) CERTIFICATE
tystysgrif bresenoldeb CERTIFICATE OF ATTENDANCE
tystysgrif teilyngdod cerbyd CERTIFICATE OF ROADWORTHINESS OF VEHICLE

tywysydd *hwn* Mae'n dywysydd gyda chwmni teithio tramor. COURIER; GUIDE

Th

rapiwtig *a* unedau therapiwtig lled gaeth (MEDIUM SECURE) THERAPEUTIC UNITS

therapydd *hwn* (therapyddion) therapydd chwaraeon THERAPIST

U

helseinydd *hwn* (uchelseinyddion) LOUDSPEAKER

frydol *a* pleidlais unfrydol UNANIMOUS

ffurf *a* cloriau unffurf y llyfrau UNIFORM

ch SENIOR
uwch beiriannydd SENIOR ENGINEER
uwch ddarlithydd SENIOR LECTURER

uwchdaflunydd *hwn* OVERHEAD PROJECTOR

uwchraddio Ar ôl pum mlynedd y mae gofyn inni uwchraddio ein system cyfrifiadurol. TO UPGRADE

W

nebfwrdd *hwn* Ceir rheolau eithaf caeth ynglŷn â'r hyn sy'n dderbyniol

fel wynebfwrdd uwchben siop yn rhan hynaf y dref. FASCIA

Y

naddasu Cymer rhai misoedd i staff ymaddasu i'r holl newidiadau a ddaw yn sgil ad-drefnu llywodraeth leol. TO ADJUST

narferol *a* Mae'r cynllun yn swnio'n dda ond a ydyw'n wirioneddol ymarferol? FEASIBLE; PRACTICABLE

nbelydredd *hwn* Deng mlynedd ar ôl ffrwydrad Chernobyl erys cyfyngiad ar symud defaid yn rhai ardaloedd o Gymru oherwydd effeithiau ymbelydredd. RADIATION

nchwil *hon* ymchwil i'r farchnad (MARKET) RESEARCH

ymchwiliad *hwn* (ymchwiliadau) ymchwiliad cyhoeddus i achos y ddamwain INQUIRY

ymddeol TO RETIRE

ymddiriedaeth *hon* Mae ymddiriedaeth cynghorwyr yn eu swyddogion yn hollbwysig. TRUST

ymddiriedolaeth *hon* (ymddiriedolaethau) TRUST
ymddiriedolaeth iechyd HEALTH TRUST

ymddiswyddo TO RESIGN
diswyddo TO SACK

ymddygiad

ymddygiad *hwn* Cynhelir pwyllgor arbennig i ystyried ymddygiad staff. CONDUCT

ymelwa Oherwydd bod rhai cwmnïau yn ymelwa o ddefnyddio pobl ddifreintiedig, rhaid gwarchod rhag defnyddio gwasanaethau sydd yn afresymol o rad. EXPLOITATION

ymgeisydd *hwn* (ymgeiswyr) Derbyniwyd ceisiadau gan saith ymgeisydd am y swydd. APPLICANT

ymgynghori TO CONSULT

ymgynghorol dogfen ymgynghorol CONSULTATIVE

ymgynghorwr *hwn* (ymgynghorwyr) CONSULTANT

ymgynghorydd *hwn* (ymgynghorwyr) ADVISER

ymgymerwr *hwn* (ymgymerwyr) ymgymerwr angladdau UNDERTAKER

ymgynhwysol *a* fflatiau ymgynhwysol SELF-CONTAINED

ymgyrch *hwn* (ymgyrchoedd) yr ymgyrch dros ddiarfogi niwclear

ymholiad *hwn* (ymholiadau) ymholiad cyhoeddus ENQUIRY

ymrwymiad *hwn* (ymrwymiadau)
1. Rhaid anrhydeddu'r ymrwymiadau sydd gennym eisoes cyn addo dim rhagor. COMMITMENT
2. Mae ymrwymiad cryf wedi tyfu rhwng y ddau. BOND

ymsoddiad *hwn* (ymsoddiadau) monopolïau ac ymsoddiadau MERGER

ymweliad *hwn* (ymweliadau) ymweliad cartref (HOME) VISIT

ymwelydd *hwn* (ymwelwyr) ymwelydd iechyd (HEALTH) VISITOR

ymwthiol *a* presenoldeb ymwthiol yr arolygwyr INTRUSIVE

ymyrraeth *hon* Ar adegau, ffin denau sydd rhwng diddordeb mewn sut m⁜ pethau'n gweithio ac ymyrraeth. INTERFERENCE

ynfyd *a* plentyn ynfyd IDIOT CHILD

ynni *hwn* ynni niwclear; ynni trydanol ENERGY

ynysu Rhaid ceisio ynysu'r darnau llei⁜ effeithiol a'u gwella. TO ISOLATE

ysgol *hon* (ysgolion) SCHOOL
 ysgol Anglicanaidd noddedig ANGLICAN AIDED SCHOOL
 ysgol fach/plant bach INFANT SCH⁜
 ysgol Gatholig noddedig
 ysgol gynradd reoledig CONTROLLED PRIMARY SCHOOL

ysgoloriaeth *hon* (ysgoloriaethau) ysgoloriaeth prifysgol SCHOLARSHIP

ysgrifenyddiaeth *hon*
 Mae ysgrifenyddiaeth y gymdeithas dod i bob aelod yn ei dro. SECRETAR⁜

ystad *hon* (ystadau) pwyllgor ystadau; swyddog ystadau ESTATE

ystadegau *hyn* Mae'r gweinidog gwlad yn defnyddio ystadegau i'n dallu ac nid i'n goleuo. STATISTICS

ystyriaeth *hon* (ystyriaethau) Y mater dan ystyriaeth yw a allwn ni fforddio gwasanaeth ai peidio. AT ISSUE; CONSIDERATION

yswiriant *hwn* INSURANCE
 yswiriant gwladol NATIONAL INSURAN⁜
 yswiriant cynhwysfawr BLANKET INSURANCE